― ケースで学ぶ ―
経営戦略の実践

日沖　健【著】

産業能率大学出版部

はじめに

経営戦略が企業の盛衰を決める

　今日、「戦略」という言葉をたびたび見聞きする。

　ニュース・新聞では、「政府は金融政策に依存せず、成長戦略を推進する必要がある」などと政府・国家の戦略が話題になる。職場では、「グローバル競争を勝ち抜くために、わが社には新たな戦略が求められている」といった議論がされる。元々は軍事用語だった戦略が、日常の至る所で使われるようになった。

　中でも本書が注目し取り上げるのは、企業の経営戦略である。グローバル化・IT革命・新興国の台頭・地球環境問題など目まぐるしく経営環境が変化する今日、企業が競争を勝ち抜き、成長するカギとして、経営戦略が重要になっている。

　グーグル（1998年創業）やフェイスブック（2004年創業）のように、つい四半世紀前まではこの世に存在しなかった新興企業がみるみる内に発展し、世界をリードしている。トヨタのように、長く着実に発展し続ける企業がある。一方、日本で2018年に倒産した8,235社のうち、業歴30年以上の老舗企業が2,292社、32.7％を占めているように、歴史・伝統ある企業でも簡単に行き詰まる光景を目の当たりにする。

　発展する企業と衰退する企業の差は何だろうか。歴史・伝統ではない。持っている経営資源でもない。経営戦略とそれを立案・実行するリーダーの違いである。

　本書は、企業の盛衰を左右する経営戦略について、基本と実践への応用を解説するものである。

経営戦略を知ること、創ること

　私の印象では、1990年代前半まで、日本企業の中で経営戦略はあまり注目されていなかった。私は前職の日本石油（現・JXTG）で1992年から4年間経営企画部門にいたが、当時職場でポーターやミンツバーグの名前を出しても、「誰それ？」という感じだった。

　ところが、今日、書店に行くと経営戦略に関するビジネス書が所狭しと並んでいる。2010年頃には、ドラッカー・ブームがあった。戦略という用語は、社会人の間でかなり浸透している。

　こうした状況で、あえて本書を世に問うのは、経営戦略の理論と実践の両方をバランスよく記述した基本書があまり存在しないからである。経営戦略を論じたビジネス書は、学者・研究者が書いた、理論・学説の紹介を中心にしたものか、コンサルタント・経営者が書いた、自身の経験や自説を紹介するものがほとんどだ。

　経営戦略は、企業が日々格闘している実践であり、理論・学説を知るだけでは（研究者以外には）価値がない。優れた戦略とは何なのかを知ること以上に、それを実践できることが重要なのだ。

　しかし、だからといって実践だけに注目すれば良いというわけではない。企業が、今までにない経営環境の中で筋の通った戦略を策定・実行するには、過去の経験よりも、ゆるぎない原理原則を知ることが大切である。

　理論だけでも実践だけでもダメで、理論と実践の両方が必要なのだ。本書は、経営戦略の代表的な理論と企業の現場における実践の両方を平易に解説する。読者の皆さんは、本書を通して経営戦略を「知る」ことと「創る」ことの両方をレベルアップしていただきたい。

対象読者―知りたい人、創りたい人

　想定する対象読者は、経営戦略を「知る」ことと「創る」ことを必要とする企業関係者である。

「創る」ことを必要としているのは、企業で経営戦略を策定する「経営者・事業責任者・企画スタッフ」、また、外部から彼らをサポートする「コンサルタント」である。こうした"経営戦略のプロ"は、経営戦略を「知る」だけでなく、自社を発展に導く優れた戦略を「創る」必要がある。

一方、実際に戦略を「創る」わけではないが、「知る」ことが必要なのは、組織の中核で働く「マネジャー・管理者」や将来のビジネスリーダーを目指す「中堅・若手社員」である。経営戦略というと、一握りの経営上層部がコンサルタントと一緒に密室で考える雲の上の出来事という印象があるかもしれない。しかし、現代企業が経営戦略を中心に運営されている以上、企業の幅広い関係者、とりわけ管理職クラスは、経営戦略を深く理解し、戦略的な思考とマインドを持って業務に取り組む必要がある。

本書は、こうした経営戦略に直接的・間接的に関係する幅広い層を対象としている。

本書の概要

本書の概要は、以下の通りである。

第1章では、本書全体の導入として、経営戦略が登場した歴史的な背景や経営戦略の範囲・目的、優れた戦略の条件などを考察する。

第2章から第7章では、経営戦略の主要な領域について、代表的な理論・学説とそれをどのように企業で活用するかを考えていく。

第2章では、成長戦略を検討する。企業が事業領域（ドメイン）を定義し、拡張する戦略のことを成長戦略と言う。挑戦的なビジョンを掲げ、市場のトレンドに合った事業領域を定義すること、複数の事業を有機的に組み合わせることなどを確認する。

第3章では、競争戦略のうち、ポジショニングの戦略について考える。企業がある業界・市場の中で、競合に対して競争優位を確立するための戦略のことを競争戦略と言う。競争戦略のうち、外部の事業機会に注目し、競合に対して有利なポジショニング（位置取り）をすることを検討する。

第4章では、競争戦略のうち、企業内部の強みに着目した戦略について検討する。ポジショニングの競争戦略と違って、自社内部の経営資源・組織能力に注目する。競争優位の源泉となる経営資源・組織能力の構築・展開の仕方について検討する。

　第5章では、イノベーションを考察する。新規な技術・製品・ビジネスモデルなどをイノベーション（革新）と総称し、現代企業の重要課題になっている。イノベーションの本質と戦略上の意味を確認した後、イノベーションを創造する方法について考える。

　第6章では、策定した戦略の実行と組織への展開について考える。企業では、せっかく策定した戦略がうまく実行できず、"絵に描いた餅"に終わってしまうことがよくある。そうならないための戦略を実行する組織体制やリーダーシップのあり方などを検討する。

　第7章では、近年注目を集めている新しい戦略課題について検討する。新規事業開発、事業撤退、M&A、コーポレート・ガバナンスである。なお、第6章までは定評のある標準的な理論・概念を解説するのに対し、まだ定説がない第7章のテーマについては、著者の個人的な考え・主張を中心に検討するので、了解いただきたい。

　第2章から第7章の各章の冒頭では、その章で扱うテーマに即したケースを掲げている。ケースは、実際の企業で起こった事実に基づいている。漫然と読み流すのではなく、自分が経営者・事業責任者などケースの当事者になったつもりで読み、「自分がこの立場に置かれたら、こう意思決定・行動するぞ！」という仮説を導いて欲しい。

　その上で、本文の記述を読むことにより、理論と実践ノウハウの理解がさらに深まることだろう。各章の最後に本文の記述を踏まえた各ケースの考え方・着眼点（解答ではない）を記しているので、自分の考えとの相違を確認してほしい。

　各章の終わりに、「実践のチェックポイント」として、企業で実際に経営戦略を策定・実行する上での留意点を整理している。各章の本文を読ん

だ上で、ぜひ自社に当てはまるとどうなるのか、何をするべきなのか、ということを考察し、実践してほしい。

　本書を手にされた読者の皆さんが経営戦略を「知る」「創る」ことに卓越し、所属企業が発展することを期待する。

もくじ

はじめに……*i*

第1章 現代企業と経営戦略　*1*

1. 企業の盛衰と経営戦略……*2*
2. 経営戦略が重要になっている背景……*4*
3. 経営戦略の基本アプローチ……*9*
4. 優れた経営戦略とは……*17*
5. 経営戦略のプロセス……*19*

第2章 発展を方向付ける　*25*

ケース 富士フイルムホールディングス……*26*

1. 事業領域を確定する……*28*
2. 事業の成長と多角的展開……*35*
3. 事業ポートフォリオの管理……*43*
4. 成長戦略とシナジー……*51*

第3章 優位なポジショニングを取る　*59*

ケース リクルート住まいカンパニー・SUUMO……*60*

1　業界の競争要因……*62*

2　業界内での位置取り……*67*

3　競争戦略の新しい展開……*78*

第4章 経営資源で優位に立つ　*95*

ケース 旭化成……*96*

1　内部資源による競争優位……*98*

2　組織能力の構築……*104*

3　知識創造……*110*

4　競争戦略の選択と修正……*115*

第5章 イノベーションの創造　*121*

ケース NTTドコモと携帯電話ビジネスの進化……*122*

1　企業のイノベーション……*124*

2　イノベーションと競争条件の変化……*131*

3　イノベーションを創り出す……*136*

4　オープン・イノベーション……*149*

第6章 戦略実行のための組織とリーダーシップ　155

- ケース　日産自動車の改革……*156*
- 1　戦略に適合した組織づくり……*158*
- 2　経営資源の調達……*165*
- 3　戦略実現に向けて協働する……*174*

第7章 経営戦略の今日的課題　183

- ケース　フィリップス……*184*
- 1　新規事業開発……*186*
- 2　事業撤退……*190*
- 3　M＆A……*198*
- 4　コーポレート・ガバナンス……*204*

参考文献……*213*

現代企業と経営戦略

　この章では、本書全体のはじめにとして経営戦略の概要を整理する。経営戦略は事業運営の長期方針である。現代企業にとって経営戦略が必要とされている時代背景、経営戦略が対象とする領域、目指していること、優れた経営戦略の条件などを検討する。

企業の盛衰と経営戦略

(1) 現代は企業社会

今日、日本国内では約385万の企業が活動している(日本の統計 2019、日本統計協会)。世界には数千万社があることだろう。何万人もの従業員を雇用し、グローバルに活動する大企業もあれば、経営者と数人の従業員が地域密着で活動している小規模企業もある。業種・業態もさまざまだ。

我々の日常生活は、企業の活動を抜きに考えることはできない。朝起きてから寝るまで、どれくらいの企業が我々の生活に関係しているだろうか。生活に必要な製品・サービス・インフラを提供している企業、そうした企業に部品やサービスを提供している企業など、おそらく数千、いや数万社に及ぶ企業と関わっていることだろう。我々が幸福に生活できるかどうかは、そうした企業の活動の良し悪しによって決まってくる部分が大きい。

このように、企業が我々の生活や社会にとって欠かせない存在になったのは、それほど大昔の話ではない。日本で今日まで存続する最古の企業は、578年に創業した金剛組である。江戸時代にも、三井・住友ら多くの企業が誕生し、発展した。ただし、そうした企業が及ぼす影響は、地域も分野も限られた。今日のように、生活のありとあらゆる側面に企業が関係するようになったのは、先進国においても20世紀以降のことである。

いずれにせよ、20世紀以降、今日に至るまで、社会や人々の生活が企業を中心に回っている。企業社会あるいは産業社会といわれる通りだ。

(2) 良い企業、悪い企業

世の中には、良い企業と悪い企業がある。

色々な論者が優良企業とは何かを説明しているが(たとえば、ピータース&ウォーターマン『エクセレント・カンパニー』、新原浩明『日本の優秀企業研究』)、社会・国民といった利害関係者(Stakeholders)の視点から、

次のようにシンプルに考えることができる。

良い企業とは、社会・国民などにとって価値ある何かを提供できる企業である。その企業が存在し、活動することで、世の中が発展し、人々が幸福になるようなら、良い企業である。逆に、価値ある何かを提供できず、仮に倒産してこの世に存在しなくなっても誰も嘆き悲しまないようなら、悪い企業であろう。なお、社会・国民"など"としている通り、企業がもたらす価値は、顧客や株主だけでなく、従業員・供給業者・自治体・地域など実に幅広い利害関係者に及ぶ。

良い企業と悪い企業の区別は、それほど難しいことではない。問題は、「どうすれば良い企業になることができるのか、何を間違えると悪い企業になってしまうのか」である。企業が社会の中心に位置するようになってから100年間、数多くの経営者・経営学者が考え続けてきて、今なお明快な答えに辿り着いていないのは、この問いである。

(3) 企業の栄枯盛衰と経営戦略

世の中を見ると、短期間で飛躍的に発展する企業もあれば、行き詰まってしまう企業もある。1997年のアジア経済危機で苦境に陥ったサムソンが短期間で復活し、今日では、ソニー・パナソニックなどの日本の電機メーカーが束になっても敵わない圧倒的な存在になった。同じく1990年代後半に深刻な経営危機に陥ったアップルが復活し、世界一のIT企業になっている。いずれも、わずか20年足らずの出来事である。

一方、ナショナルフラッグとして戦後長く日本の航空を担ってきた日本航空が2010年に破たんした。1970年代から80年代にかけて小売業売上高日本一だったダイエーが2004年に破たんした。伝統ある大企業でも、簡単に行き詰まってしまう悲劇をよく目にする。

こうした企業の栄枯盛衰を決める最大の要因が、本書で取り上げる経営戦略である。詳しくは後述するが、経営戦略とは、企業など組織の中長期的な方針・計画である。

企業経営には、経営戦略の他にも、組織管理やオペレーションといった様々な側面がある。決してそれらが重要でないという意味ではないが、現代は経営戦略の巧拙が企業の盛衰を最も大きく左右するということである。

経営戦略が重要になっている背景

(1) 組織管理の誕生

今日、なぜ企業経営において経営戦略がとりわけ重要になっているのだろうか。企業経営の歴史を簡単に振り返りながら、このことを確認しよう。

19世紀までのアメリカ企業では、経営者が自身の勘と経験に頼った運営、いわゆる**成り行き経営**をしていた。一貫性のない経営のしわ寄せが労働者に及び、生産性の低下や組織的怠業（サボタージュ）が常態化していた。

この状況を劇的に改善し、近代的な組織管理を実現したのが、1900年代初頭のテイラーによる**科学的管理法**である。工場技師だったテイラーは、生産工程において労働者の動作・時間のデータを収集し、標準を設定した（動作研究・時間研究）。標準に基づいて課業し、標準を上回る労働者には成功報酬、下回る労働者には不成功減収するという差別的出来高給を導入した。この科学的管理法によって、工場の生産性は劇的に向上した。

1900年代初頭のアメリカでは、自動車や鉄鋼などさまざまな産業で、多く企業が科学的管理法を取り入れ、生産性を飛躍的に向上させた。中でもフォードによる生産革新（**フォードシステム**）、それによるT型フォードの爆発的普及は、20世紀が工業社会、自動車社会、石油文明となるきっかけとなった。ガソリン車よりも蒸気自動車の方が普及していた時代から「自動車＝ガソリン車」となったのは、ガソリン車を製造していたフォードが科学的管理法によって突出した存在になったことが大きい。

その後、科学的管理法は、労働者を搾取する非人間的な側面があるとして、社会的な批判を浴びることになった。科学的管理法へのアンチテーゼ

として**人間関係論**が誕生し、労働環境やそれが労働者のモチベーションに与える影響など人間的側面が重視されるようになった。

このように、20世紀初頭に科学的管理法で近代的な組織管理が誕生し、それを批判的に改良することで組織管理論あるいはマネジメント論が発展した。その目まぐるしい動きをここでは紹介しないが、大局的にいうと、20世紀初頭から1950年代に至るまで、企業の中心的課題は、組織管理であったといえる。

企業経営ではよく**3C**（Company, Customer, Competitorの頭文字）が大切だといわれる。当時の経営者は、このうちのCompany（自社）の内部管理にとりわけ注目していたのである。

（2）組織管理から経営戦略へ

経営者が内部的な組織管理を重視したのは、共産主義の台頭による労使関係の緊迫という問題もあったが、それ以上に、Customer（市場・顧客）とCompetitor（業界・競合）という外部環境が安定していたことが大きかった。20世紀前半、大恐慌などの厳しい局面があったものの、市場は拡大傾向にあった。まだ企業による供給力が小さく、作れば売れる状態だった。同業他社との競争もそれほど熾烈ではなかった。

しかし、アメリカでは1950年代後半、これらの条件が急速に変わっていく。Customerでは、アメリカ市場は世界に先駆けて成熟化し、成長が鈍化した。Competitorでは、国内企業との競争だけでなく、ともに敗戦国である日本・ドイツが復興してアメリカへの輸出を増やすようになり、日独企業との競争が激しくなった。こうしてアメリカ企業は、従来の組織管理にとどまらず、外部環境の変化に対する新たな施策が求められるようになった。1960年代初め、アンゾフらは、アメリカ企業の新たな行動を経営戦略という概念で説明するようになった。

国内市場の成熟化に対応し、当時GEなど多くの企業が成長機会を求めて、海外に進出したり、新規事業開発に取り組んだりした。このよう

に、事業領域を拡大する戦略のことを**成長戦略**という。一方、ドイツ企業の高品質、日本企業の低価格（当時は低価格・低品質だった）に対抗するために、製品開発やコスト削減など事業の競争力強化が求められるようになった。ある事業領域の中で、競合に対して競争優位を確立するための戦略のことを**競争戦略**という。こうして、1950年代以降のCustomerやCompetitorの変化に対応して経営戦略という考え方が生まれ、同時に成長戦略・競争戦略という2大領域が確立されたのである。

なお、複数の事業部門を持つ企業において、経営者が全社レベルで検討する戦略のことを**企業戦略**（あるいは全社戦略）と呼ぶ。一方、事業責任者が自身の担当する事業について考える戦略のことを**事業戦略**と呼ぶ。さらに事業戦略の下に、研究開発・製造・販売・物流・人事といった経営機能ごとの戦略である**機能別戦略**がある。経営戦略は組織の内部では、企業戦略・事業戦略・機能別戦略という3階層を形成している。

経営者は、どのような事業を実施することで成長するか、という点に関心を持つので、企業戦略は成長戦略と関係が深い。事業責任者は任せられた担当事業で競争優位を構築することを目指すので、事業戦略は競争戦略と関係が深い（図表1-1）。

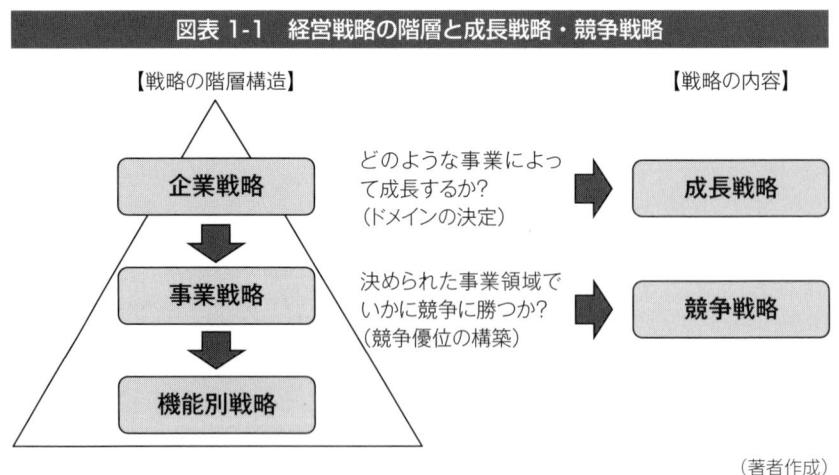

図表1-1　経営戦略の階層と成長戦略・競争戦略

（著者作成）

(3) 非連続な変化の時代

　1960年代初頭にアメリカで経営戦略が生まれ、60年近くが経つ。その間、次節で紹介するように、経営戦略はどんどん進化している。アメリカ国内から日本など資本主義社会の企業へ、1990年代以降は世界中の企業へと広がっていった。さらに、民間企業から自治体や政府へ、あるいは産業集積（クラスター）へと適用範囲を広げていった。

　今日、世界の多くの組織で、Companyを対象にした組織管理よりもCustomerやCompetitorの変化に対応する経営戦略が重視されているのは、1960年代のアメリカと同様に、いやそれ以上に、外部環境が目まぐるしく変化しているからである。

　1990年代以降、グローバル化、規制緩和、IT革命、地球環境問題、エネルギー問題、少子高齢化、そして最近はAIと劇的な変化が次々と押し寄せている。企業にとって、変化は機会（Opportunity）でも脅威（Threat）でもある。先ほどのアップルやサムソンのように機会をうまく捉えた企業は飛躍的に発展するが、日本航空やダイエーのように機会を捉えられず、脅威に対処できなかった企業は没落する。

　今日、企業にとってやっかいなのは、変化の方向性が読みにくいことである。著書が幼少だった1970年代初め、日本の経済成長率は年7～10％だった。父親の給料は毎年上がり、家の中には新しい家電が増え、近所はどんどん都市化していった。今日GDPが500兆円台で20年間ほとんど変わっていないのと比べて、当時は変化が非常に大きかった。しかし、子供心に「今日より明日の方が豊かになるんだろうな、街がきれいになるんだろうな」とわかったように、変化の方向性ははっきりしていた。変化の方向性がわかれば、企業はそれに向かって適切に対処することができる。必要な経営資源を調達し、組織とオペレーションをしっかり運営すれば良い。高度成長期は、変化の幅こそ大きかったものの、方向性がはっきりしており、企業にとって対処しやすい、楽な時代であった。

それに対し、現代は、変化の方向性がわかりにくい。たとえば中国は、1990年頃まで世界経済の中で無視されていた。ところが、90年代から改革開放路線が注目を集め、「アジアの時代」を象徴するようになった。ところが、1997年のアジア経済危機で成長が鈍化し、「アジアの時代は終わった」という悲観論が優勢になった。ところが、すぐに復活し、2000年代は「世界の工場」として世界経済をけん引するようになった。ところが、2010年頃にルイスの転換点（農村から都市部への労働者の流入が止まり、賃金が上昇し始めるポイント）を迎え、生産市場としての中国の競争力は失われた。このように、この30年間で実に4回も「ところが」に直面したとおり、中国に対する見方はコロコロと変わり、日本企業はそれに振り回されている。

わかりやすい例として中国を挙げたが、エネルギー問題やIT化なども同じで、変化の方向性を読みづらい。現代は、非連続な変化の時代である。

非連続な変化の時代には、連続的に改善していく組織管理やオペレーションよりも、変化に対応するための経営戦略の役割が重要になってくる。現代は、経営戦略の時代なのだ。

経営戦略の基本アプローチ

(1) 5つの基本アプローチ

経営戦略を「企業など組織の中長期的な方針・計画」と大雑把に定義した。詳しい内容は次章以下で考えるが、その前に、経営戦略の基本的な考え方を簡単に確認しておこう。

経営戦略は、60年の歴史を経て複雑に進化を遂げた。現在、大まかに5つの学派に分類することができる。学派・学者の名前は重要ではないが、企業の現場でも、だいたい5つの学派のアプローチに従って経営戦略を策定・実行しているので、次で簡単に内容を紹介しておく。

①**戦略計画学派**

　アメリカの大企業は、1950年代に国内市場の成熟化や日独の追い上げに直面し、新規事業開発や事業再編といった大きな変革を迫られるようになった。1960年代初めに経営戦略という概念を提起したアンゾフら**戦略計画学派**は、大企業における大規模な戦略転換や事業計画立案を支援するため、企業の意思決定を戦略的意思決定と業務的意思決定に分類したり、製品・市場マトリクス（P40参照）で成長戦略の方向性を明らかにしたりした。

　戦略計画学派は、経営者や経営企画スタッフが事前に精度の高い戦略を立案できるものと想定している。また、経営戦略が生まれた背景から、外部環境への対応に主眼が置かれている（図表1-2）。

図表1-2　戦略計画学派の位置づけ

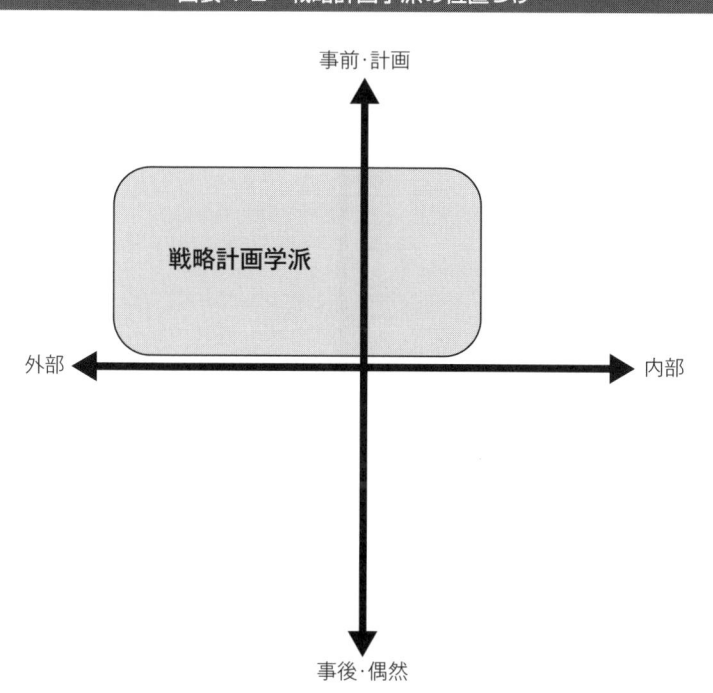

（著者作成）

②創発戦略学派(Emergent Strategy School)

　戦略計画学派によって経営戦略が脚光を浴びるようになると、1970年代、学界・実業界では「本当に、精度の高い戦略計画を立案できるものなのか？」という素朴な疑問が生まれた。ミンツバーグら**創発戦略学派**は、戦略計画を実行するプロセスで、事前に想定していなかった環境変化に現場のマネジャーたちが対応して、事後的に戦略を修正したり、新たな戦略要素を付加したりすることを重視した。

　創発戦略学派は、意図せざる事後的な展開が戦略の本質だと考えている。また、創発が起こる場として組織内部の分析にやや重点を置いている（図表 1-3）。近年盛んなイノベーション研究も、偶発的なプロセスを重視しており、この考えの延長線上にあるといえる（第6章参照）。

図表 1-3　創発戦略学派の位置づけ

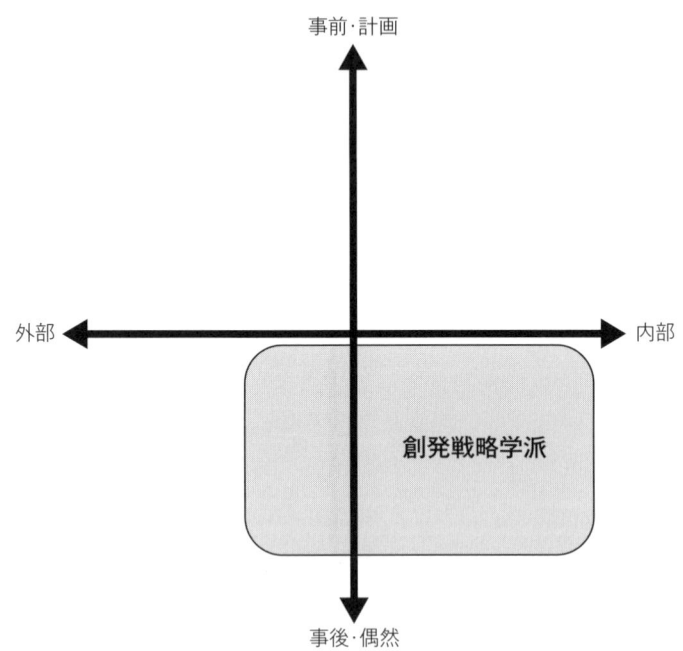

（著者作成）

③ポジショニング・ビュー(Positioning View)

1980年代に入ると、ポーターらのポジショニング・ビューが経営戦略論の支配的な考え方になった。ポジショニング・ビューは、業界分析を通して、自社が魅力的な業界の中で有利な位置取り(positioning)をすることが競争優位を決定するという考え方である。

ポジショニング・ビューは、企業の経営環境の中でも、外部環境に着目する考え方である。また、業界分析やポジショニングの検討など事前の計画立案を重視する傾向があり、①戦略計画学派と関連が深いといえる(図表1-4)。

図表1-4 ポジショニング・ビューの位置づけ

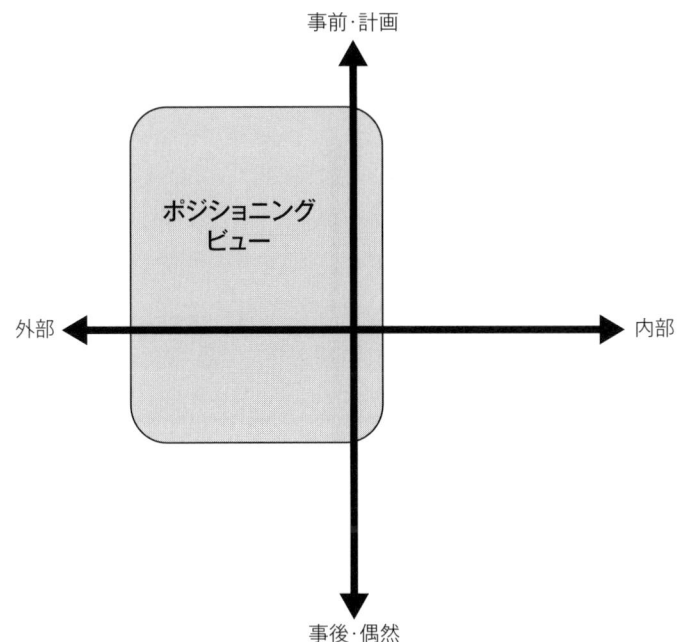

(著者作成)

④リソースベースト・ビュー（Resource-based View）

　1980年代に日本企業がアメリカ企業を圧倒するようになると、日本企業の競争力の源泉を研究する動きが広がった。その結果生まれたのが、企業の競争優位は、保有する経営資源や組織能力によって決まってくるというリソースベースト・ビュー（Resouce based view、資源ベースの企業観、以下RBVと略す）である。古く1959年にペンローズは企業を経営資源の束と捉える考え方を提示したが、1980年代以降、バーニーや伊丹敬之らによって、この学派が発展した。

　RBVは、ポジショニング・ビューとは対照的に、企業の内部資源・組織能力に注目している。資源の蓄積や能力の構築は事後的・偶発的な要素が強いので、②創発戦略学派を発展させたという側面がある（図表1-5）。

図表1-5　リソースベースト・ビューの位置づけ

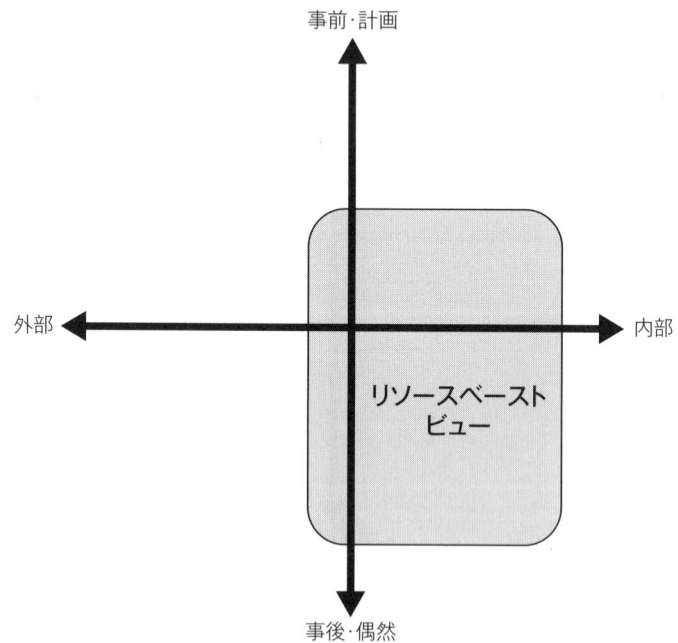

（著者作成）

⑤ゲーム論的アプローチ

1990年代後半になると、経済学のゲーム理論の考え方を取り入れた、上記の分類とはやや異なるアプローチの研究が盛んになった。ゲーム理論とは、個々の経済主体にとって最適な選択が全体としては最適な選択とはならない状況を分析するものである。有名な"囚人のジレンマ"は、牢に入った2人の共犯者が共謀して黙秘するか、仲間を裏切って自白するか、という意思決定を分析している。

ゲーム理論は、主に競争戦略について、競合・顧客・供給業者などとの駆け引きという外的な関係を分析対象としており、上記の分類では、ポジショニング・ビューに近い位置づけにあるといえる。

さらに、2000年代になると、**行動経済学**の考え方を取り入れた研究など、学際化の動きが盛んになっている。行動経済学は、人間の心理的要因を重視したミクロ経済学の応用分野である。経営環境が流動化し、企業が直面する経営課題が困難になっていることに対応し、経営戦略研究はますます複雑化している。

（2）理想に至る2つの道

5つのアプローチのうち、学問の世界だけでなく、実務の世界でももっとも問題になっているのは、③ポジショニング・ビューと④RBVの対立である。これは、単純化して言うと、外部環境の機会に着目するか、自社内部の強みを重視するか、という発想の違いである。③については第3章、④については第4章で詳述するが、経営戦略の最大の論点についてここで少し内容を紹介しておこう。

企業が最終的に到達する理想は、魅力的な外部環境の中で自社の組織的な競争力を生かせる事業を展開している状態である。つまり、図表1-6のように縦軸に外部環境の魅力度合い（機会（Opportunity）と脅威（Threat）の程度）、横軸に自社内部の競争力（強み（Strength）と弱み（Weakness）の程度）を取ると、右上が理想の位置である。

図表 1-6　ポジショニング・ビューか、RBV か

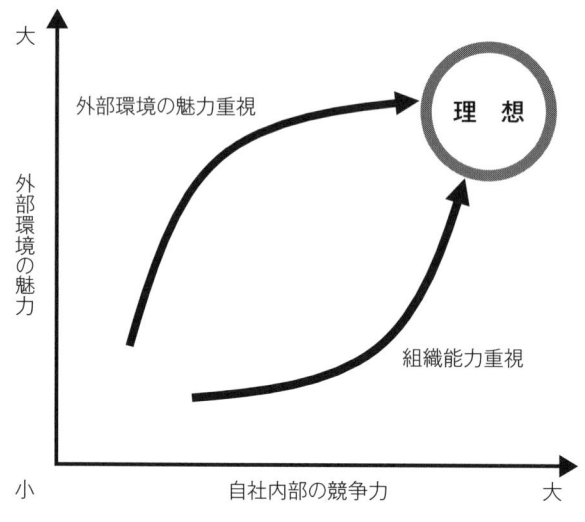

（著者作成）

　アメリカ企業は、"外部環境の魅力重視"、つまりまず魅力的な市場・業界に入り込むことを優先する企業が多い。マイクロソフトは、ビル・ゲイツがハーバード大学在学中の 1975 年に創業したベンチャー企業である。世界的な企業に飛躍したきっかけは、1981 年に IBM が PC を開発した時、OS（オペレーティング・ソフト）の供給者に選定されたことであった。当時有力な OS を持っていなかったマイクロソフトは、シアトルコンピュータプロダクツ（SCP）社から OS の権利を購入し、それを改良して DOS を IBM に納入した。やがて IBM・PC のクローンが普及すると、マイクロソフトの DOS が業界標準になり、今日の独占的地位につながっている。

　つまり、マイクロソフトは、特段の技術的な強みを持っていたわけではなく、絶好の機会を捉えることによって成功した。SCP 社への支払額がわずか 75,000 ドルだったことなどから、今日でも「うまく立ち回った」同社への批判は絶えない。

ただ、ゲイツは「これからはコンピューターの時代だ、コンピューターの中でもソフトの時代だ、ソフトの中でもオペレーティングソフトの時代だ」と理解していたから、他社に先駆けて良いポジショニングを取れたのだ。やはり彼の戦略的発想と行動力は特筆すべきだろう。

　一方、日本企業は"組織能力重視"、つまりまず社内に絶対的な強みを構築することから始める傾向が強い。トヨタは、日本国内市場を対象に低燃費・高耐久性・低価格の自動車を製造していた。戦後、金融引き締めの影響で経営危機に陥った苦い経験から、金を使わず、従業員の能力を最大限に活用し、在庫を持たない、効率的なトヨタ式生産方式を確立し、モノづくりの能力を磨き上げた。

　長くトヨタは日本市場での事業展開が中心で、グローバル展開、とくに世界最大のアメリカ市場の開拓では、ダットサンの日産やアキュラのホンダに後れを取っていた。そのトヨタがグローバルなプレイヤーに変身したのは、1970年代の2度に渡るオイルショックによって、アメリカ市場でも燃費の良い日本の中小型車に注目が集まったからであった。トヨタの成功は、まず絶対的な組織の能力を構築し、それを市場に展開する、"組織能力重視"のアプローチの典型例だといえる。

(3) それぞれのアプローチで勝つには？

　学界では、1980年代からポジショニング・ビューとRBVの論争が続いており、今日もなお決着していない。実務では、どちらの立場を取るにせよ、それぞれのアプローチで成功するためのポイントを理解することが大切だ。

　"外部環境の魅力重視"の場合、魅力的な事業機会を把握し、他社に先駆けて参入する事業のスピードが大切だ。多くの産業では、**先行優位性**が働くからだ（P81参照）。

　ただし、魅力的な事業機会には他社も殺到するので、一番乗りをするだけで成功が保証されるわけではない。マイクロソフトの事例を見ると、しっ

かりした独占的なビジネスモデルを作ることが大切だ。また、特許の取得や**デファクトスタンダード**（de facto standard、事実上の標準）の構築など、後続の参入者に対し参入障壁を構築することも考えたい。

"外部環境の魅力重視"では短期間で成否がはっきりする。それに対し、組織として能力を構築するには時間がかかるので、強みを中心に事業展開する"組織能力重視"は、短期間で明確に成否が決するわけではない。

日本企業は、長期的に組織能力を磨くことには長けているが、機会を捉える機動的な動きが足りない。また、日本企業・日本人はまじめなので、いったん目標が定まると、顧客の要望を忘れてひたすら能力開発に励む。その結果、薄型テレビの薄さ競争に見るように、顧客が望まない過剰品質になり、高コスト体質になってしまう。結果として近年、品質はそこそこでも圧倒的に低コストの新興国企業に、ローエンド市場を奪われている。こうした問題を克服し、優れた組織能力をいかに収益に結びつけるかが、"組織能力重視"で成功するカギになる。

経営者によっては、"外部環境の魅力重視"と"組織能力重視"の両方を志向するかもしれない。ただし、必要とされる条件や時間軸が大きく異なるから、どちらのアプローチで行くべきかを明確にするべきであろう。

優れた経営戦略とは

（1）経営戦略の目的

我々は「アップルの経営戦略は素晴らしい」「わが社の経営戦略はまったくなっちゃいない」などと日常的に語る。では、良い戦略、悪い戦略とは何だろうか。

経営戦略に限らず、物事の良し悪しは、目指している目標に対しどれだけ到達できているかという点によって決まる。経営戦略を策定・実行することによって、企業など組織には次の4点がもたらされる。

①**成長性**
　事業領域を拡大したり、事業・商品の魅力を上げたりして、より多くの顧客・販売量・売上高を確保すること。
②**収益性**
　高い販売価格、大きな販売数量、低いコストなどによって、より大きな利益・キャッシュフローを獲得すること。
③**安定性**
　事業運営およびその結果生み出されるキャッシュフローが安定し、組織が破たんする危険性が小さくなること。
④**生産性**
　効率的な事業運営によって、経営資源の投入量に対してより多くの生産量（販売量）を確保すること。

　これらのうち何を目標として重視するかは、企業によって、また、企業を取り巻く利害関係者の立場によって異なる。株主は、株価の上昇を願って成長性や収益性を重視するだろう。取引銀行は、貸付金と利息の確実な返済を願って安定性に注目する。地域は、雇用拡大や環境負荷軽減を願って成長性や生産性を重視する。
　４つすべてに卓越するのが超優良企業ということになるが、実際には４つのうち１つないし２つを満たすのも容易でなく、すべての利害関係者を満足させるのは現実的でない。したがって、良い経営戦略は、企業や利害関係者によってまちまちだということになる。
　なお、①成長性および②収益性と③安定性および④生産性は、相反する性格を持つ。①②を実現するには、新規事業を展開するなどリスク（不確実性）を取る必要があるのに対し、③④はどちらかというと、リスクを取らない方が実現しやすい。①②と③④を高度に両立させるのは、極めて難しいことである。一般に、経営戦略はどちらかというと①②を向上させる効果が大きく、組織管理やオペレーションはどちらかというと③④と関係が深い。

以上から、企業の収益性・成長性・安定性・生産性（のいずれか）を高めるのが優れた経営戦略ということになる。

（2）持続的な競争優位

　優れた経営戦略を策定するのは、難しい作業である。前節で確認した通り、今日、経営環境が非連続に、目まぐるしく変化するからだ。

　しかし、それ以上に難しいのは、策定した経営戦略を実行することである。たいていの場合、優れた経営戦略には過去のやり方を否定する側面があり、過去に経験のない難しい対応が必要になるからだ。

　さらに、極めて困難なのは、経営戦略によって実現した競争優位を持続させることである。経営戦略とはまさに戦いであり、ある企業が優れた経営戦略で成功するのを見て、たいてい模倣者が現れる。斬新な事業を立ち上げて短期間で躍進しても、すぐに模倣者が現れて、短期間で失速してしまうケースを、われわれはたびたび目にする。

　もちろん、芸能界に「一発屋」がいるように、たとえすぐに模倣者に駆逐されたとしても、一瞬でも世の中に新しい価値を提供し、顧客に支持されれば良いのではないか、という考え方があろう。

　しかし、企業が短期間で競争力を失うと懸念されたら、株主は出資を躊躇するだろう。従業員は雇用契約を結んで働くことを渋るだろう。顧客は商品の購入をためらうだろう。企業が永続的に発展すると期待できるとき、利害関係者は能動的に企業に貢献しようとするのだ。

　永続的な発展を目指しても、結果として一時的にしか成功しない場合はたびたびある。しかし、最初から「一発屋」になることを目指したら、利害関係者の能動的な貢献を引き出すことができず、「一発屋」にすらなれない。企業が一瞬でも成功したいと考えるなら、永続的な発展を目指すしかないのだ。

　したがって、経営戦略の目的は、持続的な競争優位を構築することであり、優れた戦略とは、企業の収益性・成長性・安定性・生産性などを持続

的に高めるような戦略ということになる。

経営戦略のプロセス

(1) 経営戦略は属人的か？

　経営戦略の策定・実行に関して、素朴な疑問がある。優れた戦略を策定するには天才的な閃き・センスが必要なのか、戦略を実行して成果を実現するにはカリスマ的なリーダーシップが必要なのか、という点である。

　アップルやファーストリテイリングの成功は、スティーブ・ジョブズや柳井正という稀代の経営者の天才的センスとカリスマ的なリーダーシップに支えられていることは間違いない。こうした事例を見ると、経営戦略の成否は経営者の属人的な能力に大きく依存しているように思える。

　一方、ホンダは、本田宗一郎というカリスマ創業者が去った後、代々サラリーマン社長が指揮を執っているが、マーケットの変化を先取りした優れた経営戦略を立案・実行し、持続的に発展している。花王も同様だ。両社を見ると、超絶的なリーダーがいなくても、優れた経営戦略を策定・実行できるように思える。

　残念ながらこれまでの経営戦略の研究は、この素朴な疑問に対し満足な回答を見出しているわけではない。おそらく、世の中を大きく変え、ハーバード・ビジネススクールのケースに書かれて後世まで語り継がれるような戦略は、天才的な経営者でないと策定・実行できないが、平時の業界の中で他社に対し競争優位を構築するというレベルの戦略なら、天才的な経営者でなくても策定・実行できる、ということではないだろうか。

　アップルは、2011年にスティーブ・ジョブズを失ってから失速し、2012年にサムソンにスマートフォンのリーダーの地位を譲った（その後も収益的には堅調）。天才的な経営者がいたら成功しました、いなくなったらダメになりました、ということでは、持続的な成長を期待する利害関

係者はその企業に全幅の信頼を置くことはできない。天才的な経営者の価値を否定するわけではないが、そういう人材がいなくても着実に優れた経営戦略を策定・実行できるのが、1つの理想である。

(2) プロセスを踏む

　経営者の属人的な能力に依存せず、優れた経営戦略を策定・実行するには、2つポイントがある。

　1つは、組織としてプロセスを踏み、**PDCA**（Plan→Do→Check→Act）を回すことである。

　よくエンジニアの世界では、「安定的にアウトプットを生み出すには、プロセスを安定させよ」という。経営戦略も、環境条件などをインプットして戦略およびそれによる持続的な競争優位というアウトプットを生み出すプロセスである。安定的に優れた経営戦略を策定・実行するためには、プロセスを安定させる必要がある。

　経営戦略を策定・実行するプロセスは、業種・業態や企業が置かれた状況などによって大きく異なるが、一般に、次のようなプロセスを踏むようにする（図表1-7）。

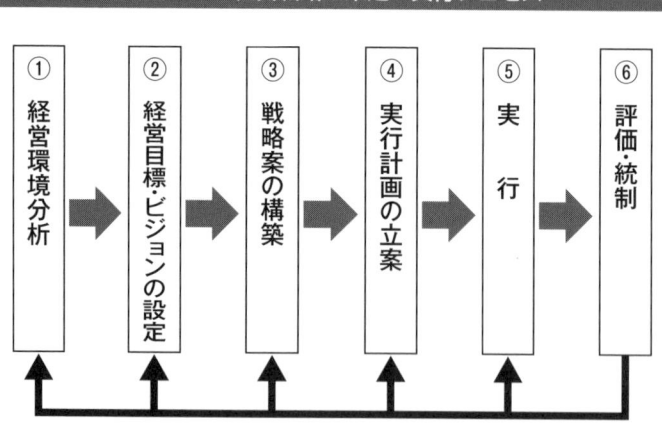

図表1-7　経営戦略の策定・実行プロセス

① 経営環境分析 → ② 経営目標・ビジョンの設定 → ③ 戦略案の構築 → ④ 実行計画の立案 → ⑤ 実行 → ⑥ 評価・統制

（著者作成）

①経営環境分析

　外部のマクロ環境とミクロ環境（Customer, Competitor）を分析し、機会（Opportunity）と脅威（Threat）を認識する。なお、マクロ環境は、Politics 法規制、Economy 経済、Society 社会、Technology 技術などに代表され、PESTと言われる。また、自社内部（Company）の環境を分析し、強み（Strength）と弱み（Weakness）を確認する。以上をＳＷＯＴとして整理する。

②経営目標・ビジョンの設定

　経営環境分析に基づき、自社のあるべき姿、顧客や社会に対してどう貢献するか、目指す数値目標などを設定、あるいは再確認する。

③戦略案の構築

　経営資源と機会・脅威の適合を勘案して成長戦略・競争戦略の代替案を構築し、評価・選択する。

④実行計画の立案

　戦略を実行するために必要となる経営資源・組織・オペレーションを明らかにして、短期・中期の実行計画を策定する。また、部門ごとの計画にブレイクダウンし、全社で共有する。

⑤実行

　必要な経営資源を調達し、実行する。

⑥評価・統制

　実行した結果を評価し、調整する。また以上の結果を次の戦略策定にフィードバックする。

　これはあくまで標準的なプロセスであって、いつも順番通りにすべてを実施するわけではない。たとえば、現在事業展開している市場の中で戦略を見直すような場合、①はそれほど丁寧に実施する必要はない。あるいは、⑤がうまく行かなかったら、①や②に戻って戦略策定をやり直すということも珍しくない。

(3) 全社で経営戦略を共有する

　経営戦略を策定・実行する上で重要なもう1つのポイントは、全社で経営戦略を共有することである。

　経営戦略というと、経営トップや彼を支える経営企画部門、あるいは彼らを支援する戦略系コンサルティング・ファームといった"雲の上の人たち"が行う密室の作業という位置づけになりやすい。

　しかし、ミドルマネジメント以下の従業員を含めて全社で経営戦略を共有し、全社的に経営戦略への意識を高めることは極めて大切だ。たしかに経営戦略を最終的に策定するのは経営上層部の人たちだが、それを受けて戦略を具体化し、実行し、成果を実現するのは、ミドル以下の役割になるからだ。

　よく、トップが現場から遊離し、経営戦略が全社に共有されていない企業を見受ける。そういう企業では、経営戦略を実行するのに必要な作業内容しか現場に指示・伝達されないので、戦略策定時に想定した環境条件がちょっと変化したりすると、現場が柔軟な対応を取ることができず、成果を実現できない。

　それに対し、戦略を全社的に共有できている企業では、現場が変化に柔軟に対応し、確実に成果を実現できる。今日、経営環境が刻々と非連続に変化するようになっている。現場が経営戦略の狙いや内容を正確に理解し、自律的に変化に対応することの重要性は増しているといえよう。

　なお、現場が経営戦略を理解することは、オペレーションの面でも重要だ。一般的な官僚制組織では、ロワーマネジメントはオペレーションを担い、ミドルはオペレーションで発生する例外を処理する。現代企業は経営戦略を中心にオペレーションを動かしており、ミドルとロワーが経営戦略を理解していると、目的合理的に効率よくオペレーションを実行・改善することができる。戦略の実行だけでなく、オペレーションの実行・改善という点でも、現場が戦略を理解していることの意義は大きいのだ。

本書は、経営戦略を策定する経営トップや事業責任者だけでなく、現場で働く若手・中堅社員も対象にしている。これは、若手・中堅が将来経営戦略を立案する立場になるから、というだけでなく、現在の立場で経営戦略を実行し、効果的にオペレーションを進める上でも大切だからである。

実践のチェックポイント

- 自社は優良企業と言えるか、言えないか。どのような点でそう結論付けられるのかを分析せよ。
- 自社は経営戦略を中心に活動しているだろうか。組織のマネジメントやオペレーションを中心に活動しているだろうか。
- 自社の経営戦略の立案は「事前・計画／事後・偶然」と「外部／内部」という座標軸で、どこに位置づけられるか。それによるメリット・デメリットを含めて分析せよ。
- 自社の戦略は、外部環境の魅力重視と組織能力重視では、どちらに当てはまるか。外部環境の魅力重視なら参入障壁やビジネスモデルの構築、組織能力なら高コスト体質にならないようにするなど、注意事項を守れているか。
- 収益性・成長性・安定性・生産性などを持続的に高めるという目的に照らして自社の経営戦略は優れているか。そうでないなら何が問題か。
- 自社の経営戦略は属人的に立案されているか、基本プロセスに沿って策定しているか。それによるメリット・デメリットを分析し、改善の方向性を示せ。
- 自社の経営戦略は全社的に共有されているか。

第2章

発展を方向付ける

　企業が事業領域（ドメイン）を定めて、それを拡大していく戦略のことを成長戦略と言う。この章では、企業を方向付けるビジョン、ドメインの定義や適切な事業の組み合わせなど、成長戦略を策定するポイントを検討する。

ケース　富士フイルムホールディングス

　2000年代、写真市場はデジタルカメラの登場によって大きく変貌した。それ以前は、銀塩フィルムを使って写真を撮影し、専門店で現像・プリントしてもらうのが一般的だったが、デジタルカメラの普及で、銀塩フィルムが使用されなくなったのだ。

　米イーストマン・コダック（以下、「コダック」と略す）は、130年間に渡って世界最大のフィルムメーカーだったが、この環境変化に対応できず、2012年に破たんした。ところが、コダックと同じく銀塩フィルムを主力製品にしてきた日本の富士フイルムホールディングス（以下、「富士フイルム」と略す）は、変化に対応し、発展・成長を続けている。両社の違いはどこにあったのだろうか。

　1880年にジョージ・イーストマンが写真用乾板の商業生産を開始したのがコダックの始まりである。一方、富士フイルムは、コダックに遅れること半世紀、政府による写真フィルム製造の国産工業化計画に基づき、大日本セルロイド株式会社の写真フィルム部の事業一切を分離継承し、1934年に設立された。

　両社とも、戦後、写真が広く一般国民に普及するにしたがって、事業を順調に拡大してきた。とくにコダックは、1970年代の最盛期にはアメリカでのシェアが90％を超え、アメリカのみならず、世界的な優良企業として君臨した。

　驚くべきことに、1975年に世界で最初にデジタルカメラを開発したのは、コダックであった。ただし、これは試作品で、本格的に商業化はされなかった。1979年、コダックの社内でデジタルカメラの市場予測が報告された。当時すでに、将来のフィルム市場の衰退、デジタルへの代替を予想していたが、その時期を「2010年」と認識した。

　コダックは、1970年代後半にデジタルカメラの市場投入を検討した。1980～90年代には多角化を進めた。しかし、結局、利益率の

第2章　発展を方向付ける

高いフィルム事業に経営資源を集中した。ようやく2000年にデジタルカメラに参入したが、時機を失した。

　富士フイルムは、1988年、国内初の一般向けデジタルカメラ「FUJIX DS-1P」を発表したが、発売には至らなかった。そうしている内に1990年代、カメラ専業メーカーや電機メーカーがデジタルカメラを発売した。2001年3月期決算で営業利益1497億円の3分の2を写真用フィルムで稼いでいた富士フイルムは、デジタルカメラ市場の開花で苦境に追い込まれた。

　2003年にCEOに就任した古森社長は、2004年、経営改革を加速させた。自社の強みを点検し、フィルム、カメラにこだわらずに事業ドメインを転換することを検討した。

　まず、2005年現像所統廃合などで写真事業に携わる人員を約5000人削減した。一方、成長への布石を矢継ぎ早に打った。先進研究所と医薬品研究所の新設、新薬開発の富山化学工業などのM&A、生産拠点拡大と、5年間で2兆円近くの投資を行った。

　現在、富士フイルムは以下の3つを柱に事業を展開している。

● **イメージング・ソリューション**……カラーフィルム、デジタルカメラ、フォトフィニッシング機器、現像プリント用のカラーペーパー・薬品・サービスなど

● **ヘルスケア＆マテリアルズ・ソリューション**……メディカルシステム・ライフサイエンス機材、グラフィックシステム機材、フラットパネルディスプレイ材料、記録メディア、光学デバイス、電子材料、インクジェット用材料など

● **ドキュメント・ソリューション**……2004年に子会社化した富士ゼロックスによる事業で、コピー機・プリンターなど

　図表2-1の通り、現在、イメージング・ソリューションの売上高は全体の15.9％にまで減少し（写真フィルムは1％未満）、2000年当

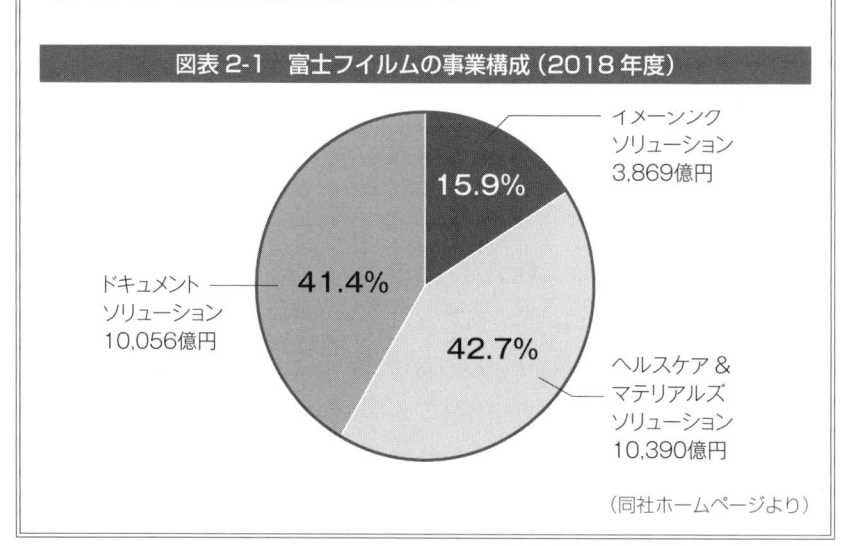

時から大きく事業構成を転換している。

図表2-1　富士フイルムの事業構成（2018年度）

- イメージングソリューション　3,869億円　15.9%
- ヘルスケア＆マテリアルズソリューション　10,390億円　42.7%
- ドキュメントソリューション　10,056億円　41.4%

（同社ホームページより）

1 事業領域を確定する

(1) 経営理念を確認する

　企業を発展に向けて方向付けることが経営戦略の大きな役割である。企業における最も大きな基本方針として経営理念があり、これから検討する経営戦略の上位概念に位置づけられる。

　経営理念は、企業が事業を経営して行く上での姿勢である。たとえば、住友グループには、「浮利を追わず」（一時的な利益を追い求めるな）という理念があり、17世紀の創業以来連綿と受け継がれている。住友グループは、この理念を体現した堅実経営で、今日まで発展を続けている。

　経営環境が変わっても、経営者が交代しても、企業として社会や顧客とどのように向き合っていくかという基本姿勢は変わるものではない。したがって、住友グループのように、原則として経営理念は時代を超えて不変である。

企業経営の最上位の概念で、しかもいつの時代も変らない経営理念は、一般に経営戦略の範囲から外れる。経営者にとって"所与の条件"であり、経営戦略の立案・実行において、真剣に顧みられることはあまりない。

しかし、住友グループでも、バブル期には住友銀行がイトマン事件に代表される不動産融資のめり込んで深い痛手を負ったように、経営戦略が失敗するとき、実は経営理念から逸脱していたということは少なくない。経営理念を見直さないまでも、それが形骸化していないかどうかをチェックすることは大切だ。

(2) 明確なビジョンを描く

経営戦略の上位概念としてもう1つ、**ビジョン**(Vision)がある。ビジョンとは、企業が将来的に目指す到達点である。「こういう事業でありたい」「こういう形で顧客・社会に貢献したい」「こういう目標を達成したい」といった内容をまとめたステートメントである。長期的な発展を目指してビジョンを描き、利害関係者と共有している企業は多い。

企業がビジョンを設定する理由は、第1に、明確なビジョンがあると、それに向かって経営資源を集中的に投入できることである。船がどこに進むのかわからない状況では、乗組員はどちらに向けて舵を切って良いのかわからない。明確なビジョンがあると、利害関係者は、やって良いこと・悪いことが明確に判断できるので、効率的な資源投入が可能になる。

第2に、ビジョンに共感した従業員など利害関係者から大きな貢献を引き出すことができる。どこに向かうかわからない船に乗客は安心して乗船できない。魅力的なビジョンがあると、利害関係者は安心して企業との関係を構築しようとする。

NECは、1977年に小林宏治社長(当時)が新ビジョンとして「C & C (Computer & Communication)」を打ち出した。これは、コンピューター技術と通信技術が半導体・ICの技術を媒介してやがて融合していくという洞察をもとに、その融合領域でのリーダーを目指すというビジョン

と事業領域（ドメイン）を表現したものである。当時、コンピューターと通信は別物だという認識が一般的であったが、小林の洞察通り市場・技術は進化した。そして、1980年代以降のNECはC＆Cの通り発展した。

（3）ビジョンは本当に必要なのか？

　一方、世の中を見ると、経営理念はあっても、ビジョンを持たないという優良企業をたくさん見受ける（ビジョンがあって経営理念がないという場合は少ない）。

　たとえば、セブンイレブンは、図表2-2のように、「お客様に向けてのメッセージ」「創業の理念」「社是」などから構成される「企業理念」を掲げているが、ビジョンやそれを具体化した中期経営計画を策定していない。セブンイレブンは、顧客を直視し、顧客のニーズに応えることが大切で、ビジョンや中期経営計画を掲げるのは、自社の都合を優先し、それを顧客に押し付けることに繋がると懸念している。

図表2-2　セブンイレブンの経営理念

お客様に向けてのメッセージ
　いつでも、いつの時代も、あらゆるお客様にとって「便利な存在」であり続けたい。私たちは、地域との信頼関係を築き、価値ある商品サービスの提供を通じて、皆さまの「生活サービスの拠点」となるよう力を注いでいます。セブンイレブンはこれからも過去の発想にとらわれることなく、時代の変化に柔軟に対応し「便利の創造」に努めてまいります。

創業の理念
　既存中小小売店の近代化と活性化
　共存共栄

社是
　私たちは、お客様に信頼される誠実な企業でありたい。
　私たちは、取引先、株主、地域社会に信頼される誠実な企業でありたい。
　私たちは、社員に信頼される誠実な企業でありたい。

また、明快なビジョンを掲げても"絵に描いた餅"に終わってしまうことが珍しくない。ライブドアが「インターネット財閥として時価総額世界一になる」という壮大なビジョンを掲げたが、短期間であえなく行き詰まったように、ビジョンがあればうまく行くという保証はない。

このように、ビジョンを掲げて成長する企業もあるが、ビジョンがなくても成長する企業やビジョンがあっても衰退する企業がある。ビジョンの必要性・重要性については、見解が分かれるところだ。

仮説レベルの結論になるが、ビジョンがなくても成功するのは、①安定的に市場拡大が見込まれる分野で事業を展開していること、②強力なリーダーシップを持つ経営者など全社一丸となるための旗印が別に存在すること、という条件を満たす場合であろう。セブンイレブンの場合、コンビニ市場が拡大を続け、2016年まで鈴木敏文会長というカリスマ経営者がいて、この2つの条件がかなり当てはまっている。

ビジョンを掲げても失敗する企業は、ビジョンの中身が不適切だからであろう。次節で検討する通り、現実からかけ離れたビジョンではうまく行かない。

つまり、ビジョンがなければ成功できないというわけではないが、適切なビジョンであれば、企業を成長に導く効果が大きいといえよう。

(4) 優れたビジョンの条件

ビジョンを描く場合、企業を発展に導く適切なものでなければならない。NECのC&Cに見るように、優れたビジョンの条件は、以下の4点である。

①存在の明示

ビジョンには、自社が社会・顧客にとってどのような存在になりたいのかを明示しなければならない。現在の自社や他社とどう違い、どのような方向に進んでいくかを示すことだ。「2030年に売上1兆円」といった定量的なものよりも、どのように社会・顧客に支持された結果売上1兆円になるかを明示するとよいだろう。

②**夢、広がり、未来志向**

　ビジョンは、自社の長期的な発展を期待させる夢と広がりがなければならない。企業の利害関係者は、ビジョンを見て、企業の将来への期待感を持ち、企業のために貢献しようとする。現状と大差ない陳腐な内容では、期待を高めることはできない。基本的に未来志向で、現状を突破する大きな広がりを持つことが重要である。

③**現実性**

　２つ目の条件とは相矛盾するが、ビジョンは、自社の強みあるいは事業環境の魅力を勘案した現実的なものでなければならない。いくら夢や広がりが大切だといっても、あまりに壮大すぎて、従業員が「そんなの無理だよ」と萎縮するようなビジョンでは動機付けにならない。自社内部の強み（Strength）・弱み（Weakness）、外部環境の機会（Opportunity）・脅威（Threat）を十分に踏まえたものであることが重要だ。

　図表2-3のように、人は達成可能性がゼロでも（絶対にできない）、100％でも（誰でもできる）、なんとしても達成しようという強い意欲を引き出すことができにない。ビジョンは、適度に挑戦的で、従業員が潜在能力を十分に発揮したときに達成できる程度が理想である。

図表2-3　達成可能性と達成意欲

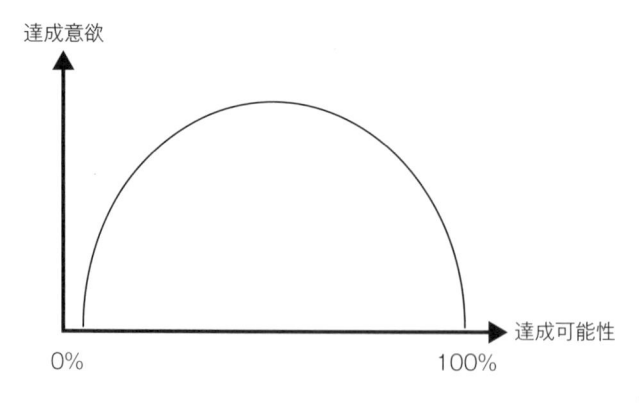

（著者作成）

④社会性

　ビジョンは、高度な社会性を備えていなければならない。人は自分が社会にとって意味のある存在でありたいという欲求を持っており、所属・関係する企業が社会にとって価値ある存在になろうとしていることがわかると、強力に動機付けられる。

　当然、トップの個人的な嗜好・野望・怨念などと無関係でなければならない。これはあまり議論されないが、意外と守れていないことが多い。トップは知らず知らずのうちに、自身の幼少の頃からの夢を実現したり、虚栄心を満たしたりするためにビジョンを策定することがある。どんなに美辞麗句が散りばめられていても、仮に内容が合理的であったとしても、従業員が「会社や世の中の発展ためじゃなく、トップ個人のためなんだ」と感じた瞬間、従業員の心は離れていく。

　ビジョンが存在しないなら、経営戦略の策定に進む前にこの４条件を考慮して策定するべきだろう。すでにビジョンが存在するなら、この４条件を満たしているどうかを確認すると良い。ビジョンは企業の長期構想なので、軽々しく変更するものではないが、不適切な場合、経営理念と違って見直すことも考慮する。

(5) ドメインを定義する

　ビジョンを設定したら、一歩踏み込んで、どのような**ドメイン**（domain）で事業を展開するかを具体的に定義する。ドメインとは、企業が事業を展開する固有の生存領域を意味する。

　ビジョンを定義するとともに、それを利害関係者と共有する。企業と利害関係者がドメインに関する共通認識をドメイン・コンセンサス（domain consensus）という。トンプソンは、企業が発展するためにドメイン・コンセンサス形成し、企業として何をして何をしないのかを明確化することが重要だと指摘している。

ドメインという概念の重要性を最初に指摘したレビットによると、ドメインの定義には、**物理的定義**と**機能的定義**という2種類があるという。

レビットは、アメリカの鉄道会社の例を挙げてドメインの考え方を説明している。今日、アメリカの鉄道は、飛行機や自動車といった代替輸送手段に需要を奪われている。1830年代にいち早く普及した鉄道がその後に出現した飛行機や自動車に主役の座を奪われたのは、鉄道会社が鉄道という物理的製品に縛られていたためである。「鉄道事業」のように、物理的製品を中心にドメインを定義することを物理的定義という。

企業が物理的定義によって事業領域を狭く見てしまうことを、レビットはマーケティング近視眼（marketing myopia）と呼んで批判した。これに対し、製品の機能特性にしたがってドメインを定義することを機能的定義という。鉄道会社は、自らのドメインを「輸送サービス」と機能的定義で定義していれば、代替輸送手段に対抗する、自ら代替輸送手段を取り入れるといった別の戦略が見えたはずだという。

たいていの事業は、「八百屋」「古本屋」といった物理的定義によって始まる。しかし、事業が発展したら、物理的定義では窮屈になってくる。事業が成長するためには、機能的定義で拡張性のあるドメインを定義する必要があるのだ。

(6) 3つの視点からの定義

これに対し、エーベルは、①どのような顧客ニーズ（または顧客機能、what）を、②どのような顧客層（who）に対して、③どのような技術（または代替技術、how）を用いて提供するか、という3つの視点でドメインを定義することを提唱している。

事業が存続・成長するのは、顧客・社会に対して何らかの価値、顧客機能を提供しているからである。しかし、価値ある製品なら誰でも喜んで受け容れてくれるわけではないので、自社を強く支持してくれる顧客層を見つけ出さねばならない。さらに、この顧客機能と顧客層の組み合わせがで

きたら、それを実現するために合理的かつ競争力のある代替技術を中心に事業を設計・運営する必要がある。

つまり、レビットが事業の拡張性を重視しているのに対し、エーベルは３つの要素の有機的な繋がり、一体感を重視しているといえよう。

図表2-4は、神田にあるような従来型の古書店とブックオフのドメインを比較している。

図表2-4　ドメインの定義

	従来型の古本屋	ブックオフ
顧客層　Who	研究者、読書家、マニア	一般読者（主婦・若年層を含む）
顧客機能　What	稀少本の探索、コレクター・ニーズ	低価格の一般書籍、リサイクル、部屋片付け
代替技術　How	稀少本の目利き・集収ノウハウ、ネットワーク	買い取り・販売の標準化・本の洗浄

（著者作成）

従来型の古書店も、エーベルの３要素には一体感がある。ブックオフとの違いは、事業の拡張性である。従来型の古書店は、特殊な顧客層の特殊なニーズに属人的なノウハウでサービスを提供しているので、事業を拡張する余地が乏しい。これに対し、ブックオフの３要素にはそれぞれ拡張性があるので、多店舗化して事業を拡張することができる。つまり、一体感と拡張性が両立しているのが、良いドメインということになる。

❷ 事業の成長と多角的展開

（1）事業のライフサイクル

ドメインを定義したら、事業の収益性・成長性を高めるよう事業の強化に努める。

事業は永遠に成長し、存続できるわけではなく、代替品に需要がシフトしたり、競争優位性を失ったりして、やがて衰退・消滅する。

一般に事業（や製品）は、導入期（創業期）、成長期、成熟期、衰退期という4段階のライフサイクル（Product life cycle、PLC）を辿る。図表2-5のように、縦軸に年度売上高、横軸に時間を取ると、成熟期を頂点とする放物線を描く。

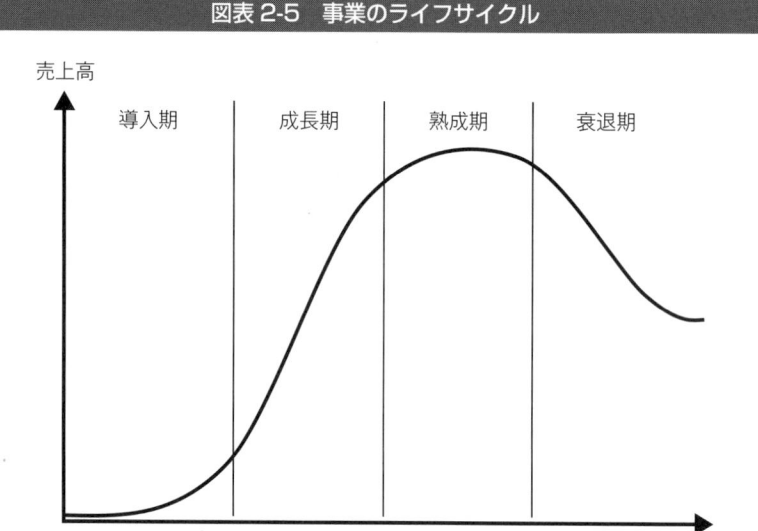

図表2-5　事業のライフサイクル

なお、ライフサイクルという用語は、事業よりも、市場や商品を論じる場合に活用されることが多い。ロジックとしては、まずある商品（製品・サービス）について市場のライフサイクルがあり、それに対応して企業が扱う商品のライフサイクルが決まり、最終的に事業のライフサイクルが決まる。

ライフサイクルの各段階における標準的な戦略は以下のとおりである。

①**導入期**

事業が始まり、商品が市場に投入されたばかりで、開発費用やプロモーションの費用に対して売上高が少ないので、利益が出ない場合が多い。導入期は競合が少ないので、早く商品の認知度を上げる必要がある。

② **成長期**

商品の認知度が上がり、売上増加にともない利益も改善するが、競合も市場に参入するので、商品の改善やラインナップの追加が行われる。

③ **成熟期**

市場が成熟して代替需要が多くなる。一部の競合は撤退するが、需要が伸び悩んでいることから価格競争は激しい。市場や商品の見直し、販売促進活動の強化などが必要になる。

④ **衰退期**

商品の魅力は薄れ、売上は減少する。競合の撤退で残存利益を得られることもあるが、全体としては利益も減少するため撤退が検討される。

実際には、図表2-5のようなきれいな放物線を描くとは限らず、図表2-6のようないびつな形状を描く場合もある。

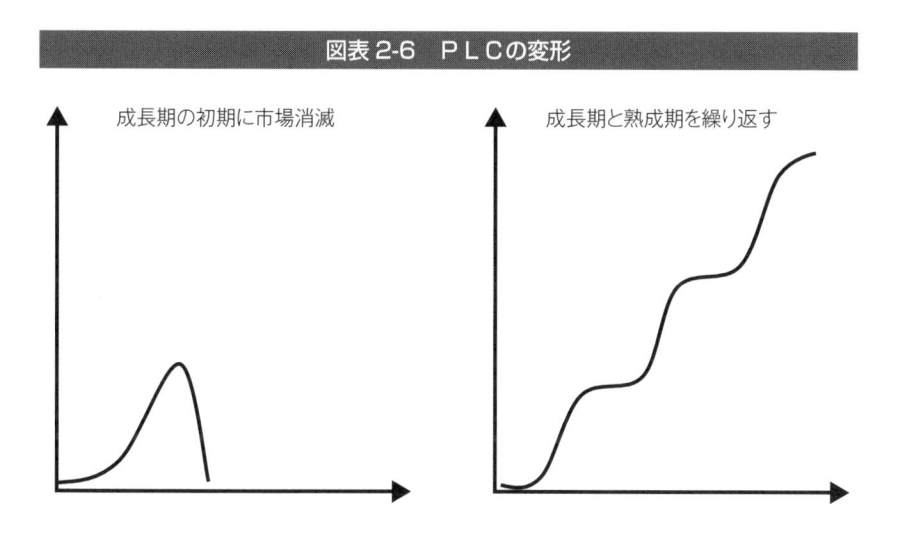

図表2-6　PLCの変形

成長期の初期に市場消滅　　　　　成長期と熟成期を繰り返す

事業がライフサイクルのどの段階にあり、どこに進もうとしているのかをしっかり見極め、ライフサイクルの段階に合った戦略を策定・実行する必要がある。

（2）重層的ライフサイクルを作り出す

　ライフサイクルの段階に応じて適切な戦略を実行することは重要だ。ただ、事業は永続できるわけではないので、企業として永続的な発展を目指すには、1つの事業に固執するわけにはいかない。既存の主力事業が衰退し、消滅する前に、次の事業を育成する必要がある。

　一般に、事業を育成するには長い時間を要する。すでに他社が実施している事業や、すでに存在するニーズに存在する技術で対応するような事業なら、数年で導入できよう。しかし、1954年に発明された太陽光発電が1990年代になってようやく事業化されたように、まったく新しい事業の場合、数十年単位の時間を要することも珍しくない。既存事業が成熟してから大慌てで新規事業開発に着手しても、衰退を補うのには間に合わないということがよく起こる。

　図表2-7のように、複数のライフサイクル曲線が重なり合っている状態を**重層的ライフサイクル**という。既存事業が成熟する前に新規事業開発に着手することを繰り返し、複数の事業で発展していくことを目指す。

図表2-7　重層的ライフサイクル

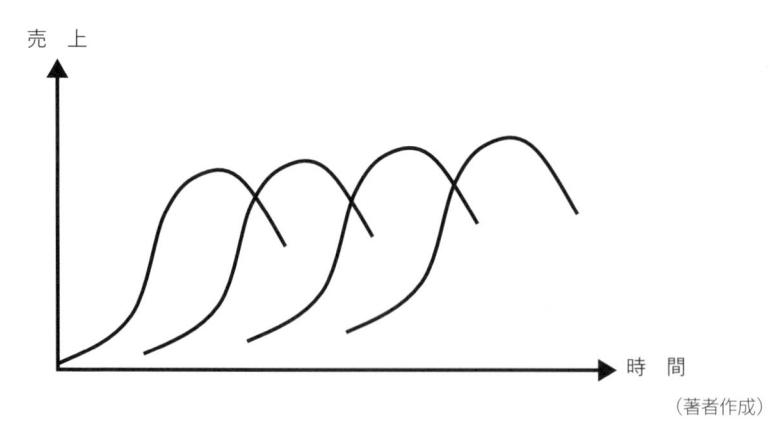

（著者作成）

　現実には、重層的ライフサイクルを強く意識して長期的な視点から成長

戦略に取り組んでいる企業は少ない。第7章で後述するように、新規事業はリスクが大きく、導入当初は低収益であるなど、経営者はあまり気乗りしない。成果が見えやすい既存事業の強化に集中しがちだ。

HOYAは、図表2-8に見る通り、重層的ライフサイクルを意識してドメインの拡張に努めていると思われる。

経営者は、遅くとも既存事業が成熟期に入ったら、既存事業の強化と並行して、新規事業の開拓を急ぐ必要があるだろう。

図表2-8　HOYAのドメイン拡張

事業分野	製品群	開始
光学ガラス	ガラスレンズ	1941
	クリスタルガラス	1945
	非球面レンズ	1987
ビジョンケア	眼鏡レンズ	1962
	コンタクトレンズ	1972
	度付き保護メガネ	2016
デジタル関連素材など	サブストレート	1974
	マスクブランクス	1975
	HDD用ガラスディスク	1988
	フォトマスク（液晶パネル用）	1990
医療・ヘルスケア	眼内レンズ	1987
	内視鏡	2008
	内視鏡洗浄装置	2013
カメラ	デジタルカメラ	2008

（同社ホームページなどから著者作成）

(3) 製品・市場マトリクス

　チャンドラーは、アメリカの大企業の19世紀後半から20世紀前半にかけての発展を研究し、企業は創業した後、量的拡大、水平拡大、垂直拡大、多角化という4段階を経て発展することを明らかにした。

①量的拡大
　事業を確立し、販売量を増やし、損益分岐点を超えるように努める。
②水平拡大
　生産・販売拠点を拡充し、地域的に事業を拡大する。
③垂直拡大
　小売業ならメーカーに進出（後進統合）、メーカーなら卸・小売に進出（前進統合）することで、事業の拡大を図る。
④多角化
　既存事業と異なる事業領域に進出する。

　こうした企業の発展の方向性を製品と市場という2つの視点で整理したのが、アンゾフの**製品・市場マトリクス**（成長ベクトルともいう）である。企業の成長戦略は、①市場浸透、②製品開発、③市場開発、④多角化、という4つに整理できる。

　図表2-9は、セコムの事業展開を製品・市場マトリクスで整理したものである。1962年に創業したセコムは、セキュリティ事業の国内での市場浸透を進め、2000年以降は海外への市場開発も展開している。一方、1989年に「社会システム産業」という新ドメインを掲げ、保険・通信などの製品開発、医療・不動産など多角化を推進している。

図表 2-9　セコムの製品・市場マトリクス

		製品	
		既存	新規
市場	既存	【市場浸透】 国内セキュリティ	【製品開発】 保険 通販 防災
	新規	【市場開発】 海外セキュリティ	【多角化】 環境 医療 不動産

(同社ホームページなどを元に著者作成)

(4) 多角化のタイミング

　成長戦略で問題になるのが、事業を多角化するタイミングである。
　一般には、本業が所属する市場が成熟化したとき、あるいは本業が競争優位性を失ったとき、多角化で次の本業を育成しようと動き出す企業が多い。ただ、P38 でも確認した通り、新規事業の育成には時間がかかるので、そのタイミングでは手遅れになることも考えられる。明治から戦前の日本経済をリードした繊維産業や石炭産業では、大半の企業が多角化や事業転換のタイミングを失して没落した。
　では、多角化が早ければ早いほど良いかというと、そうともいえない。多角化を推進するには、本業と異なる新たな経営資源が必要だ。十分に経営資源が蓄積されていない段階で多角化を推進すると、経営資源が分散し、本業に悪影響を与え、本業も新規事業も共倒れになってしまうかもしれない。

以上から考えられるのは、本業が成長してある程度の経営資源が蓄積されたが、まだ成熟期に入っていない、という時期に新規事業を始めるべき、という結論である。

　1962年に創業したセコムは、国民が豊かになり、安心安全を求めるようになり、1970年代以降、機械システムによる警備保障事業で急成長していた。本業が順調に拡大していたにもかかわらず、1989年、飯田亮社長（当時）は、自社のドメインを「社会システム産業」と再定義した。それから今日に至るまで、セコムは警備保障事業で培われた安全のブランド・ノウハウと、通信という経営資源を中心に医療・情報・環境など多角的に事業を展開している。先手を打って多角化を進めた事例である。

(5) "唾付け" か、M&A か

　実際には、セコムのように本業がまだ成長途上の段階で本格的に多角化に踏み切る企業は例外的である。たいていは、まったく手を打たないか、どちらの方向に技術が進歩しても良いように、色々な技術に唾を付けるというくらいである。

　"唾付け" とは、たとえば、石油に代わる次世代エネルギーとして太陽光・LNG・地熱・風力・バイオマスなど色々なエネルギー源があってどれが本命かわからないとき、石油会社があらゆるエネルギー源を研究開発したり、小規模なプロジェクトを立ち上げたりして、どちらに転んでも大丈夫なように手を打つ戦略である。石油業界で最大手のJXTGが "唾付け" をしているのに対し、昭和シェル石油は太陽光に経営資源を集中している（バイオマスなどにも取り組んでいるが）。

　つまり、多角化のタイミングと対応について、次の3つの選択肢がある。

①とりあえず手を打たない。新しい市場が開花したら急いでM&Aをする。
②早い段階から "唾付け" する。
③早い段階から特定の領域に特化する。

リスクヘッジという点では、①や②が得策のように思えるかもしれないが、そうとは限らない。①は、2001年に古河電工がルーセントテクノロジーを破格の高価格で買収して光ファイバー事業を拡大させたが、結局、巨額の評価損を計上したように、市場が開花してからのM&Aは高値掴みになってしまうことが多い。たしかに多角化は実現し、売上高は増えても、企業価値は減少してしまう。

　一方、②は、経営資源が分散してしまう上、ある領域に特化した競合に対しどうしても後手を踏むことになる。もちろん、③は当たれば効果は大きいが、最もリスク（不確実性）が大きい。

　3つのどれを選ぶかは、果敢か慎重かという経営姿勢、企業の市場での地位、競合他社と比較した経営資源の大きさなどによって決まってくる。リーダー企業で、競合に比べて豊富な経営資源を持つ場合、無理にリスクを取らず、①や②で慎重に構えることでも良いだろう。リーダーでも2番手以下とどんぐりの背比べという状態だったり、チャレンジャー以下の企業は、③でリスクを取るのが基本になる（市場での地位に応じた戦略については、P69を参照）。

③ 事業ポートフォリオの管理

（1）事業をポートフォリオで管理する

　複数の事業を展開する中堅企業・大企業の成長戦略では、どのように事業を組み合わせるかが問題になる。事業を組み合わせて管理することについて、革命的な進化をもたらしたのが、**製品ポートフォリオ**（Product Portfolio Management、以下PPMと略す）である。PPMはGEからの委託を受けたボストン・コンサルティング・グループ（BCG）が1970年代初めに開発した。

　それまで事業の評価やそれに基づく取捨選択に関し、ROI（Return On

Investment、投資利益率）など各事業単位の収益性によって判断することが多かった。「儲かる事業を高く評価し、重点的に続けよう」「儲からない事業は止めよう」というわけだ。

収益性を基準に事業を取捨選択すれば、企業全体の収益性が高まる。ただ問題は、往々にして収益性の高い事業は成熟期の段階にあることだ。成熟期の事業は、すでに導入期・成長期に大きな投資を終えており、過去の投資の効果で高い収益性を維持している。成熟期の事業は、やがて衰退期へと進むので、大きな売上高・利益を長期に渡って維持できない。成熟した本業に依存していると、長期的な発展を期待できない。

そこで企業は、事業を単独で管理するのではなく、複数の事業の組み合わせ（ポートフォリオ）として考える必要がある。これが PPM の発想である。

(2) PPM の作成

PPM を作成するには、まず戦略事業単位（Strategic Business Unit、以下 SBU と略す）を定義する。SBU は、独自の顧客・組織を持つ事業単位であり、子会社・事業部・事業部内の製品群だったりする。

続いて、各 SBU が所属する市場の成長率と相対的市場シェアを確認する。相対的市場シェアとは、自社以外の最大シェアを持つ企業を 1 としたときの自社の相対的な割合である。たとえば、最大シェアの企業がシェア 20％で自社が 8％だったら「0.4（＝ 8％÷ 20％）」、自社がシェア最大で 15％、2 番手が 10％だったら「1.5（＝ 15％÷ 10％）」となる。

縦軸に市場成長率、横軸に相対的市場シェアを取って、それぞれの「高」「低」でマトリクスを作る。「高」と「低」の境界は、「市場成長率」で 10％、「相対的市場シェア」で 1.0 であるが、それほど厳密なものではない。実際には、「市場成長率」に GDP 成長率を使ったり、「相対的市場シェア」は 0.8 など 1 より小さい数字を使ったりすることもある。

最後に、マトリクス内に SBU をプロットする。丸の大きさは SBU の売上高を示しており、PPM は一種のバブルチャートである（図表 2-10）。

マトリクスの各セルは、「金のなる木」「花形」「問題児」「負け犬」と名付けられている。

図表 2-10　PPM の標準形

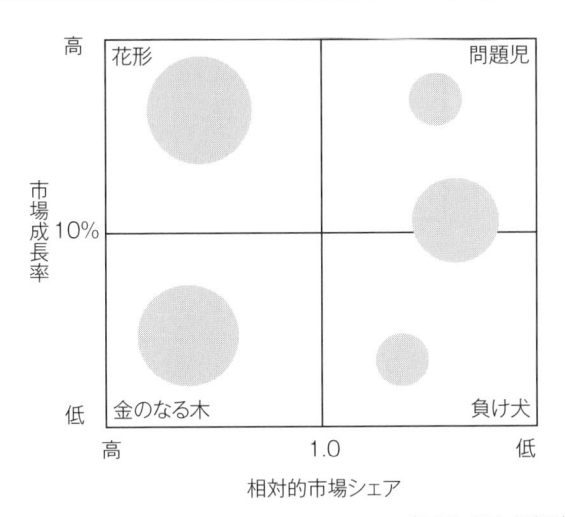

（縦軸：市場成長率　高／10%／低）
（横軸：相対的市場シェア　高／1.0／低）

左上：花形　　右上：問題児
左下：金のなる木　右下：負け犬

（BCG のアイデアを基に著者作成）

なお、縦軸の市場成長率は、製品ライフサイクル（PLC）と関連する。高成長の「花形」「問題児」は導入期・成長期に、低成長の「金のなる木」「負け犬」は成熟期・衰退期にある場合が多い。導入期は、製品開発や市場開拓に、成長期には拡張投資に多くの資金を要する。一方、成熟期・衰退期になると、資金需要はそれほど大きくない。

つまり、縦軸に関していうと、成長性が低い「金のなる木」「負け犬」は大きなキャッシュフローを獲得できることになる。

横軸の相対的市場シェアは、**経験曲線効果**に影響する。経験曲線効果とは、図表 2-11 のように、累積生産量が倍になるたびに単位当たりの生産コストが一定割合（業種によるが、20%から30%）で低下していくという経験則である。これは、累積生産量が増加するのにしたがい、習熟や生産工程の改善が進み、歩留まりが向上することなどによって得られる。

図表 2-11

単位当たりコスト / 累積生産量

（BCGのアイデアを基に著者作成）

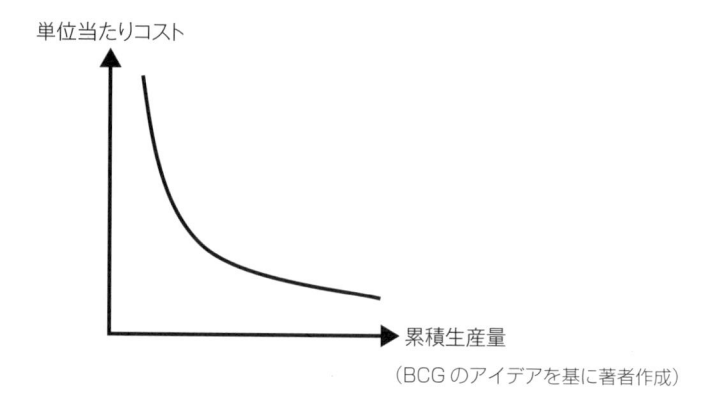

　つまり、横軸に関して言うと、市場シェアが高い「金のなる木」「花形」は、先にたくさんの生産量をこなしており、コスト面で優位性がある。

　以上から、成長性が低く、シェアが大きい「金のなる木」が、最大の収益・キャッシュフローを獲得できることになる。

（3）PPMの意味するところ

　PPMの各セルの標準的な特徴と課題は、以下の通りである。

①金のなる木

　成長率が低く、市場シェアが高い事業。企業の大黒柱となる本業。市場は成熟化しており、安定的に大きな売上高（キャッシュイン）を確保できる一方、拡張投資などの負担（キャッシュアウト）が少ないため、最大のキャッシュフローを期待できる。この状態を維持することや生み出したキャッシュフローを次代の事業育成に活用することが課題になる。

②花形

　成長率・市場シェアともに高い事業。次の大黒柱となる中核事業。キャッシュインは増加傾向にあるが、キャッシュアウトも多いため、ネットの

キャッシュフローは低水準にとどまる。市場での優位な地位を確立することが課題である。

③問題児

成長率が高く、市場シェアが低い事業。これからが期待される新規事業。製品開発・組織体制確立・市場開拓などによって、事業を軌道に乗せることが課題である。

④負け犬

成長率・市場シェアともに低い事業。下り坂の衰退事業。縮小均衡でキャッシュフローを確保するか、難しいなら撤退することが課題である。

では、事業の組み合わせとしては、どのような状態が望ましいだろうか。

成熟大企業では、図表2-12のように「金のなる木」に成熟した本業があり、他に目ぼしい成長事業が存在しないということが多い。この状態では、短期的には高収益でも、長期の成長期待が乏しい。

図表2-12　成熟大企業のPPM

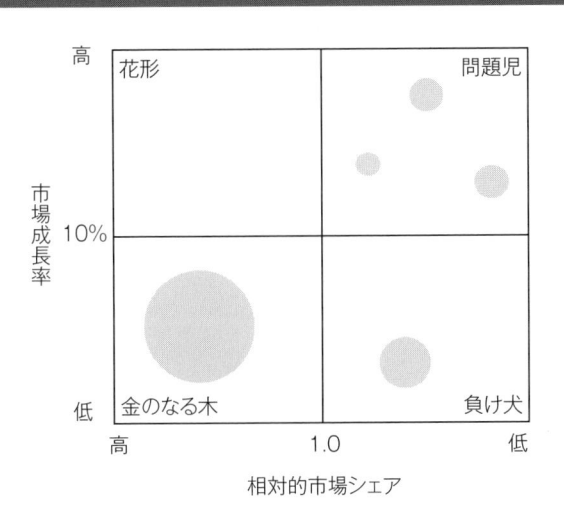

(著者作成)

新規事業は、成長市場を狙うが最初から高シェアを確保できないので、「問題児」から始まる。新規事業がうまく行くと競争力・シェアが高まり、「花形」に移る。「花形」の成長事業も、やがてPLCに従って成長が鈍化し、「金のなる木」になる。そして、「金のなる木」が優位性を失うと、「負け犬」に転化する。つまり、標準的な事業のライフサイクルは、図表2-13のように、"逆のコの字"を描いて進む。

　「金のなる木」が生み出した資金を「問題児」の新規事業の開発や「花形」の成長事業の拡張投資に投入することによって、個々の事業が"逆のコの字"を描いて発展するとともに、「金のなる木」「花形」「問題児」の3セルに事業をバランスよく持とうというのが、PPMの最大のメッセージである。

　かつてのROIやROEによる事業の取捨選択では、「金のなる木」が最も収益性が高いから「金のなる木」に資金を再投資しましょう、という近視眼的な話になってしまう。

図表2-13　PPMによる資金配分

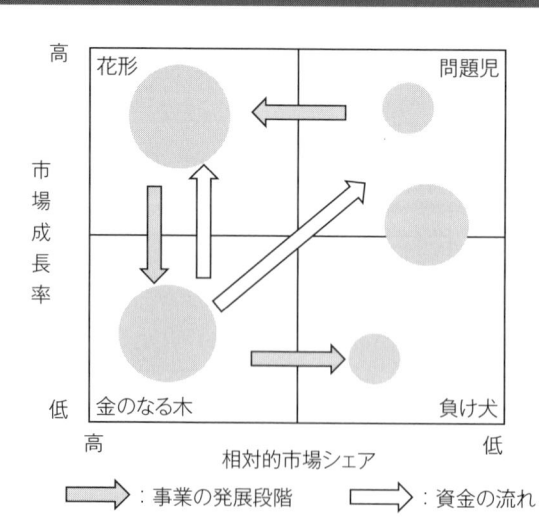

（縦軸：市場成長率（高・低）／横軸：相対的市場シェア（高・低））

	高シェア	低シェア
高成長	花形	問題児
低成長	金のなる木	負け犬

⬛➡：事業の発展段階　　⬜➡：資金の流れ

（著者作成）

(4) PPMへの批判

　PPMは1970年代から80年代にかけて大いに反響を呼び、多角的に事業展開をする大企業の事業管理に革命的な変化をもたらした。と同時に、多くの批判を集めることになった。代表的な批判を簡単に紹介しよう。

　最大の批判は、成長率とシェアという2軸で、しかも高低という二分割で事業を評価するという前提が単純すぎて、現実の経営意思決定には使えない、というものである。

　また、軸自体にも疑問がある。組み立て型製造業では経験曲線効果がよくあてはまるが、たとえばネットワークビジネスでは経験曲線効果が当てはまりにくい。サービス業など、規模が小さくても競争力が高い場合もある。産業の主役が製造業からサービス業などソフトな産業に移行するにしたがって、「規模＝競争力」というPPMの前提は説得力が弱まっている。

　市場成長率・市場シェアの高低の判断も難しい。PPMでは、市場成長率10％、相対的市場シェア1.0という区分けが想定されているが、「だいたいそれくらいが妥当だろう」というだけで、科学的な根拠が存在するわけではない。図表2-10の問題児と負け犬の境界に位置する事業は、問題児と捉えると「積極的に事業展開しよう」、負け犬と捉えると「撤退しよう」という真逆の判断になってしまう。

　また、PPMでは事業単位同士のシナジー（synergy：相乗効果）や補完効果を無視していることも問題である。負け犬の事業からの撤退を判断するとき、その事業が他の事業と原材料を共同調達しているなどシナジーがある場合や食パンとバターのように**補完材**（お互いが補完し合って効用を得る財）の関係を形成している場合、撤退するとシナジーや補完効果が失われてしまう。事業を独立した単位と考えるPPMの前提は、やや現実離れしているといえよう。

　こうした批判のうち、軸の取り方に関して、GEはマッキンゼーと共同でPPMを改良したビジネススクリーン（business screen）を開発した。

ビジネススクリーンは、多数の指標から事業の強度(事業の地位)と事業の魅力度という評価基準を設定し、それぞれ高中低の3ランクに評価することで、9つの象限に事業をプロットし、投資判断を行うものである。ただ、PPMと比べて明快さ・インパクトに欠けること、事業の強度と事業の魅力度にどのような指標を採用するかなど恣意的な面が大きいことなどから、世の中に広く普及するには至っていない。

(5) PPMは過去の遺物か?

　企業の経営企画担当者とPPMについて話すと、たいてい「古すぎる」「単純すぎて実務では使えない」といった批判的な意見を聞く。ビジネス書でも、PPMの内容紹介よりも批判により大きな紙幅を割いているものが多い。PPMは、有名だが現場で使い物にならない"過去の遺物"なのだろうか。

　日本企業ではかなり勘違いされているが、PPMは個々の事業の取捨選択を意思決定するための道具ではない。「負け犬」から撤退すべきかどうかは、目指すドメインとの整合性やシナジー・補完効果なども勘案する必要があり、もともとPPMだけで即断できるものではない(事業撤退の意思決定については、第7章を参照)。

　では、何のためのPPMかというと、自社のポートフォリオの状況を分析し、資金の配分、つまり投資の優先順位を決定するための道具なのである。ポートフォリオのバランスを見ることで、バランスを改善するために重点的に投資をする領域を明らかにすることができる。PPMに否定的な企業に限って、ROIなど個々の事業単位の収益性を基準に投資をし、図表2-12のように、成熟事業である「金のなる木」以外には目ぼしい事業のない将来性に乏しいポートフォリオになってしまっていることが多い。

　1960年代から1970年代初頭のGEは、日本企業などの攻勢で苦境に立たされていた。現在の多くの日本企業は、中国など新興国企業の攻勢を受け、まさに当時のGEと酷似した状況にある。PPMは古いどころか、

今日の日本企業にとってまさにタイムリーな重要技法である。

なお、PPM は資金の配分を問題にしているが、人材に関してもまったく同様のことがいえる。この点については、P167 で改めて検討する。

4 成長戦略とシナジー

(1) シナジーとは

成長戦略を検討するとき、新たに展開する事業の経営資源が既存事業の経営資源とシナジーを発揮しているかどうかが問題になる。企業が複数の事業を展開することによって、それぞれ単独で運営した時よりも大きな効果が得られることをシナジーという。

アンゾフによると、シナジーには次の4つがある。

① **販売シナジー**……共通の流通チャネル、販売管理、ブランドなどによって販売面で生まれる効果
② **生産シナジー**……設備・人員の効率的な活用、大量仕入れによる仕入れコスト低下など、生産面で生まれる効果
③ **投資シナジー**……共通の材料・部品の使用による在庫投資の節約、生産設備の共用による追加投資の回避など、投資の節約が可能になる効果
④ **管理シナジー**……経営者・管理者の過去の経験を活用することで生まれる効果

また、これらに加えて、調達シナジーや、人材シナジー、情報システム投資のシナジーなどを指摘する場合がある。逆に、2つの事業が資源を奪い合ったり、お互いの優位性を打ち消したりすることを負のシナジー（ネガティブ・シナジー）と呼ぶ。

製品開発・市場開拓・多角化のいずれであれ、経営資源の配分を決定する上で、シナジーを高めるよう有機的な組み合わせを考えるべきである。事業間・製品間にシナジーがあり、全体として一体感があるのが良い事業ドメインの条件である。

(2) シナジーを展開した新規事業

シナジーは経営のさまざまな場面で重要な役割を持つが、とくに新規事業を推進し多角化するとき、シナジーの有無が成否に大きく影響する（P186 参照）。シナジーが見込めない無関連多角化に比べて、事業コストが低いだけでなく、事業リスクを軽減できる。M&A（P198 参照）を成功させる上でも、シナジーの有無が決定的に重要である。

コンビニエンスストア大手のセブンイレブンは、2001 年からセブン銀行を展開している。セブンイレブンとのシナジーが、セブン銀行の競争優位の源泉である。

従来の銀行は、フルスペックのサービスを提供するため、大型店舗と人的サービスを必要とした。それに対しセブン銀行は、ATM や決済機能などにサービスを絞り込んだことで、狭いコンビニエンスストア店内で無人の事業展開が可能になった。

セブンイレブンの既存顧客に手軽に利用してもらうことができ、ブランドが活かせる（販売シナジー）。また、単独で ATM を展開するよりも、セブンイレブン店内に設置することによって、グループとして投資を節約できている（投資シナジー）。

セブン銀行の例のように、既存事業の中核的な競争力、つまりコア・コンピタンスと関連付けて新規事業を展開すると、競争力の向上とリスクの低減が実現する。

(3) シナジー実現の留意点

このように、シナジーは経営戦略を考える上で重要だが、注意すべき点

第２章　発展を方向付ける

図表 2-14　セブン銀行の事業システム

事業概念図

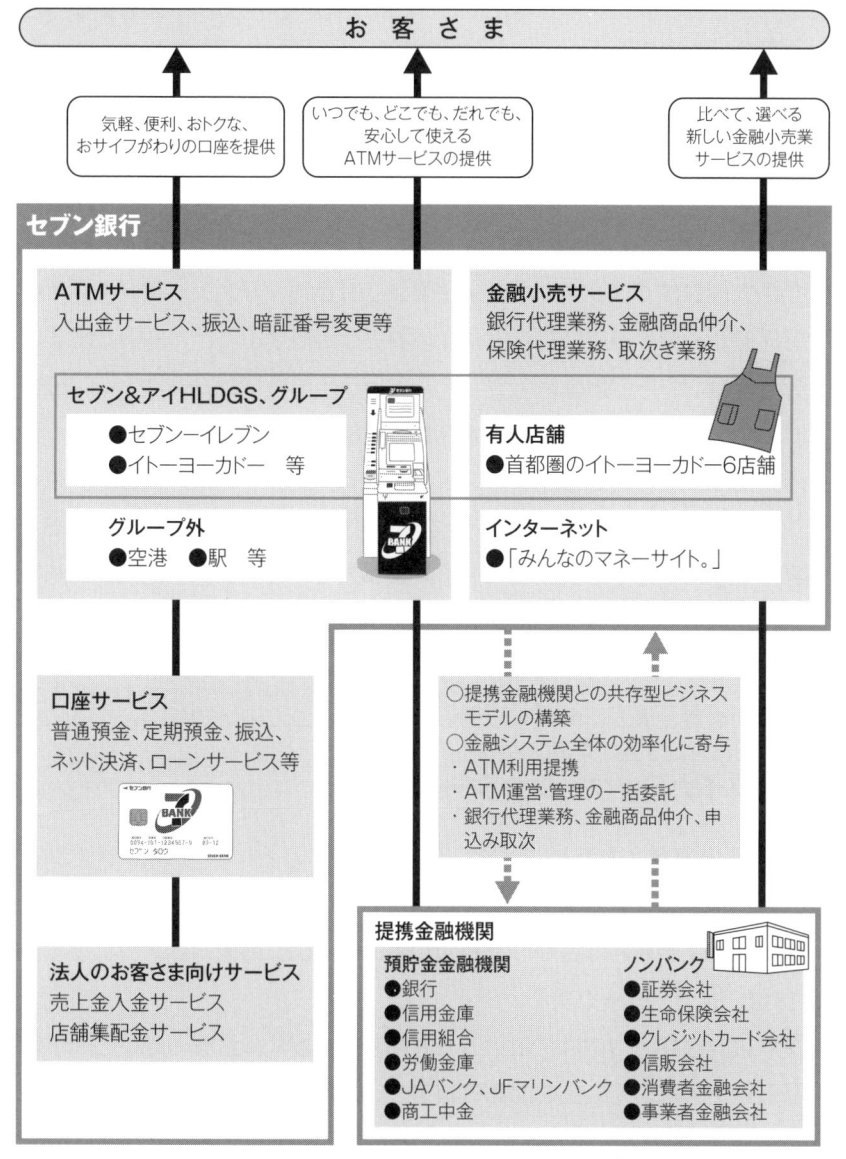

お客さま

- 気軽、便利、おトクな、おサイフがわりの口座を提供
- いつでも、どこでも、だれでも、安心して使えるATMサービスの提供
- 比べて、選べる新しい金融小売業サービスの提供

セブン銀行

ATMサービス
入出金サービス、振込、暗証番号変更等

- セブン&アイHLDGS.グループ
  - ●セブン−イレブン
  - ●イトーヨーカドー　等
- グループ外
  - ●空港　●駅　等

金融小売サービス
銀行代理業務、金融商品仲介、保険代理業務、取次ぎ業務

- 有人店舗
  - ●首都圏のイトーヨーカドー6店舗
- インターネット
  - ●「みんなのマネーサイト。」

口座サービス
普通預金、定期預金、振込、ネット決済、ローンサービス等

○提携金融機関との共存型ビジネスモデルの構築
○金融システム全体の効率化に寄与
・ATM利用提携
・ATM運営・管理の一括委託
・銀行代理業務、金融商品仲介、申込み取次

法人のお客さま向けサービス
売上金入金サービス
店舗集配金サービス

提携金融機関

預貯金金融機関
- ●銀行
- ●信用金庫
- ●信用組合
- ●労働金庫
- ●JAバンク、JFマリンバンク
- ●商工中金

ノンバンク
- ●証券会社
- ●生命保険会社
- ●クレジットカード会社
- ●信販会社
- ●消費者金融会社
- ●事業者金融会社

（同社のホームページより）

がいくつかある。

　第1に、シナジーは、不採算事業からの撤退を先延ばしにする言い訳に使われることが多い。不採算で、将来性に乏しく、明らかに撤退するべき事業でも、「たしかにこの事業は不採算だが、他事業とのシナジーを考えると、撤退は得策でない」ということがよく言われる。しかし、実際に撤退を思いとどまらせるだけの十分なシナジーがあるのか、意外と吟味されない。シナジーの効果を客観的に、できれば定量的に評価する必要がある。

　第2に、シナジーは、何もしなくても自動的に実現するわけではない。近年の大型合併ではシナジー効果が強調されるが、シナジー実現には部門間の調整が必要であったり、投資が必要だったりすることが多い。2002年のみずほグループ誕生時のシステムトラブルに象徴されるように、統合によるシナジー実現のために多大な投資負担が発生し、なおかつうまく行かず大混乱に陥るのは珍しくない。

　第3に、シナジーを重視すると、自社内部に目を向けるクセがついて、顧客や競合の存在を忘れがちになる。せっかくの経営資源を他事業でも有効活用しようという「もったいない」の精神はわかるが、顧客から見れば、購入先が複数の事業を展開しているかどうかは意味がない。シナジーばかりに目が行き、顧客ニーズを直視しなくなるようではいけない。

(4) ダイナミック・シナジー

　異なる事業間・製品間で経営資源を共用するという本来のシナジーは、別々に事業・製品を展開するよりもコストを低減できるというだけで、それほど戦略的な広がりを持つわけではない。静態的、スタティック（static）なシナジーである。

　それに対し伊丹敬之は、シナジーを動態的に捉え、企業の成長の源泉にすることを提唱している。ある戦略を遂行することで生み出される資産を将来の別の戦略で使うという効果を**ダイナミック・シナジー**（dynamic synergy）と呼んでいる。経営資源は、蓄積されたこと自体に戦略的な価

値があるのではなく、その蓄積が将来の戦略展開に利用されて初めて大きな価値が生まれる。

たとえば、大日本印刷は、本業の印刷事業で長年培ってきた製版技術を展開し、半導体製品用フォトマスクやスマートフォン向けディプレイなどエロクトロニクス事業へと進出している。

このように、ダイナミック・シナジーの本質は、オーバー・エクステンションによる環境への適合である。伊丹によると、企業と環境の適合について、3つのレベルがあるという（伊丹『経営戦略の論理』）。

● 第1のレベル……戦略が適合すべき相手方の現状や障壁を所与として、それに合わせるという適合
● 第2のレベル……その要因の実質的な変化に対応していき、さらには能動的に望ましい方向へ変化させていく、あるいは障壁を克服していく戦略を持つという意味での適合
● 第3のレベル……その要因の本質や変化を逆手にとってテコとして利用する戦略を持つというレベル。きわめて効率的に成果を上げられるテコの作用を使った適合である。

アンゾフらが提起した従来のシナジーは第1のレベルの適合で、ダイナミック・シナジーは第3のレベルの適合ということになる。戦略計画学派やPPMでは、限られた経営資源を有効活用することを考えているのに対し、ダイナミック・シナジーは、そもそも経営資源の質量を拡大して、戦略を展開する領域を広げていこうという考え方である。

ケースの解説

本ケースは、コダックと富士フイルムという同業2社の成長戦略を比較している。

銀塩フィルム市場は、1980年代までにすでに成熟し、デジタルカメラが普及した1990年代以降、本格的に衰退した。両社はPPMでは「金のなる木」だけが存在する状況で、「花形」や「問題児」の育成、製品・市場マトリクスで言うと製品開発や多角化が必要な状況だった。

　ダイナミック・シナジーの発想で必要な成長戦略を着実に実施したのが富士フイルム、実施しなかったのがコダックというわけだが、問題は、両社がまったく異なる戦略を採った理由である。いくつかの仮説を指摘できる。

　1つ目は、環境認識の違いである。デジタルカメラが立ち上がり始めた1990年代、世界のエレクトロニクス産業でデジタル化の中心は日本だった。ニコン、キヤノンといった既存のカメラメーカーだけでなく、ソニーなどデジタル化をきっかけにカメラ市場への参入を狙った電機メーカー、デジタル化のカギを握る電子部品メーカーなど、主役はすべて日本企業だった。デジタル革命の渦の中に身を置いていたことが、富士フイルムに戦略転換を決意させた可能性がある。一方コダックは、製造業が衰退したアメリカの中でもとりわけ製造業が少ないニューヨーク州に本社を置いていたことから、デジタル革命を肌で感じ取ることができなかった。

　2つ目は、成功体験の違いである。企業には、過去に強烈な成功体験があると、それに固執し、戦略転換に踏み切れないという習性がある。より大きな実績や強いブランドのあるコダックがなぜ失敗したのか、というより、より大きな実績や強いブランドがあったからこそ失敗したのだろう。

　3つ目は、コーポレート・ガバナンスの違いである。1970年代後半、コダックは株主中心のガバナンスが徹底しており、一時的であるにせよ収益性を低下させるデジタルカメラへの参入を躊躇した。一方、富士フイルムは、メイン銀行を中心に緩やかなガバナンスだったため、古森社長が大胆なリスクテイクをしやすかったという側面があったかもしれない。

　仮説レベルでも、両社が異なる方向に歩んだ根源的な理由を考察すると良いだろう。

実践のチェックポイント

- 自社の経営理念は何を意味しているか。社員など利害関係者に共有され、経営に規律をもたらしているだろうか。
- 自社のビジョンは明確か。存在の明示、夢・飛躍、現実性、社会性という観点から優れたビジョンと言えるか。言えないなら、どのように変えるべきか。
- 自社・自部門の事業を顧客層・顧客機能・代替技術という視点から定義せよ（過去や競合他社と比較すると良い）。一体感や拡張性は十分にあるだろうか。
- 自社の事業は、PLCのどの段階にあるだろうか。重層的ライフサイクルを作る取り組みができているだろうか。
- 事業の発展段階に応じて、市場開拓・製品開発・多角化を進めているだろうか。
- 自社のPPMを作成した上で、事業ポートフォリオのバランスが取れているかどうかを確認せよ。バランスが取れていない場合は、今後の改善の方向性を示せ。
- 自社にはどのようなシナジーがあるだろうか。シナジーを実現するためのコストや投資はどの程度か。
- 資源の共用という静態的なシナジーにとどまらず、シナジーをダイナミックに展開できているだろうか。

第3章

優位な
ポジショニングを取る

事業の競争優位を構築・維持するのが競争戦略である。この章では、競争戦略のうち、外部環境に注目し、魅力的な業界を選択し、その業界内で有利なポジショニングを取る戦略について考える。

ケース リクルート住まいカンパニー・SUUMO

　たいていの人にとって住宅は人生最大の買い物であり、質の高い住宅を望んでいる。ところが、日本の住宅業界はたいへん非効率・不透明で、国民の期待に十分に応えていない。全国各地に零細業者が乱立していること、売り手と買い手、貸し手と借り手の情報の非対称性が大きく、詐欺的な取引が横行しやすいことなどが問題視されている。

　その"胡散臭い業界"を大きく変えようとしているのが、リクルート住まいカンパニーの住宅情報サイト"SUUMO（すーも）"である。

　江副浩正は、東京大学在学中の1960年、大学が発行する新聞の広告代理店「大学新聞広告社」を起業した。現在のリクルートホールディングスの前身である。以後、リクルートは、人材情報ビジネスを中心に多角的に発展していった。

　リクルートの住宅関連事業は、週刊「住宅情報」の創刊によって1976年に始まった。紙ベースの週刊誌で販売・賃貸物件を紹介し、紙面に物件を掲載する不動産業者から広告料を徴収するビジネスモデルである。最初は首都圏版で、営業エリアを全国に広げていった。不動産バブルの追い風も受け、住宅関連事業はリクルートの中核事業に育った。

　転機は、1990年代前半に訪れた。バブル崩壊で住宅市場が急速に冷え込んだのである。さらに1990年代半ば以降、紙ベースの印刷物の読者が減る一方、インターネットが普及していった。週刊「住宅情報」を中核としたリクルートの住宅関連事業は行き詰まった。

　この環境変化に対応し、リクルートは、1996年「住宅情報 On The Net」をスタートし、紙媒体とインターネットによる情報提供を併存させる体制を整えた。

　しかし、この新戦略の効果は乏しかった。住宅市場の低迷が続いたせいもあるが、ネットは参入障壁が低いので、多くの業者がWebサイトを開設し、大乱戦になってしまった。リクルート自身、紙ベース

の「住宅情報」とWebサイトの繋がりが弱かったこと、色々なサイトを立ち上げブランドが拡散してしまったことなど、戦略のミスもあった。2009年、それまでのリクルートの住宅関係のサイトをすべてまとめて、SUUMOというブランドに統一し、サービスを再構築してスタートした。「住宅情報」は「SUUMOマガジン」と名前を変えたが、この頃からエリア版を順次廃刊・休刊し、Webサイトに経営資源を集中するようになった。

　SUUMOのビジネスモデルは、物件を登録する住宅販売業者とユーザーをマッチングさせ、手数料を受け取るものである。事業のポイントは、①登録不動産の数を増やす、②Webサイトの閲覧数を増やす、③マッチングの確率を高める、の3点である。とくに、③マッチングの確率を高めることによって、①業者からの登録が増え、②閲覧数の増加に繋がる。

　SUUMOは、ビッグデータを駆使して検索機能を改善し、マッチングの確率を高めている。宇宙工学なども駆使して、ユーザーの行動履歴から最適な物件を分析して提供する仕組みである。また、ユーザーの利便性を高めるために、住宅販売業者に登録情報の充実を要求している。SUUMOのサイトでは、各物件に10点以上の写真・動画が掲載されている。

　住宅販売業界では、SUUMOの検索でヒットさせるため、住宅の質を高める動きが広がっている。たとえば、首都圏のワンルームマンションでは、バブル期から2000年代前半まで、3点ユニットバスが主流だったが、近年はセパレートタイプが広がっている。SUUMOの「こだわり検索」でセパレートタイプを選ぶ閲覧者が多いので、販売業者は3点ユニットバスからわざわざセパレートタイプに改装してから物件を掲載することがよく行われる。

　このように、SUUMOによって、日本の住宅市場は大きく変わりつつある。SUUMOが生まれた当時、業界には無数の不動産のWebサ

> イトが乱立し、圧倒的No.1のサイトは存在しない状態だったが、現在ではホームズ、アットホームらのライバルを抑え、首位である。月間閲覧数は1000万を超え、不動産探しをする人のほとんどがSUUMOを閲覧しているといわれる。
> 　SUUMOのビジネスが日本の不動産業界をどのように変えていくのか注目される。

1　業界の競争要因

(1) 二重のポジショニング

　ある事業が成功・失敗する要因は、市場・業界・競合など外部環境と経営資源・組織運営など内部要因に大別できる。

　第3章と第4章では、個々の事業単位の戦略、つまり競争戦略について検討する。競争戦略の色々なアプローチの中から、第3章では外部要因を重視するポジショニング・ビューの考え方を、第4章では内部要因を重視するRBVのアプローチを中心に検討する。

　ポーターによって1980年代に確立されたポジショニング・ビューは、経済学における**SCPモデル**（Structure Conduct Performance Model）を援用したものである。SCPモデルとは、業界構造（Structure）が企業の行動（Conduct）を規定し、それが最終的にパフォーマンス（Performance）を決定するという考え方である。

　ポジショニング・ビューによると、企業の競争優位は二重の**ポジショニング**（positioning 位置取り）で決まってくるという。

　1つは、「魅力的な産業を選ぶ」というポジショニングである。バブル期の不動産業者が大儲けし、1970年代以降国内の石炭業者が困難な状況に陥ったように、産業の選択が企業の収益性を左右することは間違いない。

しかし、同じ自動車産業の中でも、トヨタやフォルクスワーゲンが好調な一方、GMが2009年に破たんしたように、企業によって明暗が分かれる。産業の選択ですべてが決まるわけではなさそうだ。

そこで考えられるもう1つは、「その産業内で特徴的な領域を選ぶ」という産業内部でのポジショニングである。業界内で他社と違ったポジショニングを取ることで、企業は高い収益性を実現できるのである。

このポジショニング・ビューのロジックにしたがって、競争戦略の立案方法を考えてみよう。

(2) 産業の魅力とは？

まず、1つ目のポジショニングである、産業の魅力について検討しよう。

起業家が新しく事業を始めたり、経営者が事業領域を拡張したりするに当たって、できるだけ魅力的な産業で事業を展開しようと考える。ところで、産業の魅力とは何だろうか。

産業の魅力とは、企業がその産業を選択することの利点であり、次の5点に整理できる。

①**収益性**
　利益・キャッシュフローの売上高、あるいは使用する資本に対する割合
②**成長性**
　販売量・売上高・利益・雇用者数などの伸び率
③**規模**
　販売量・売上高・利益・雇用者数などの大きさ
④**安定性**
　売上高・利益・キャッシュフローの振れ幅、事業の存続
⑤**社会性**
　事業が社会の発展に寄与する度合い

このうち、ポジショニング・ビューが最も重視するのは、①収益性である。②成長性も③規模も、最終的により大きな収益を得るための要因と考えることができる。

(3) ファイブフォース分析

産業（業界）には、儲けやすい産業と儲けにくい産業がある。ポーターは、産業の収益性を規定する5つの要因を見つけ出し、**ファイブフォース分析**（five forces analysis）としてモデル化した。

5つの要因の内容は、以下の通りである。

①新規参入の脅威

新規参入が容易な業界では、プレイヤーの数が増え、供給超過になり、販売価格が低下するので、収益性が低下する。逆に、参入が困難な業界では、収益性が向上する。

新規参入の脅威の大きさは、以下のような要因で決まってくる。

- 必要な資本の大きさ（→大きいと脅威が弱まる）
- 許認可・法規制（→存在すると脅威が弱まる）
- 技術・ノウハウ（→高度だと脅威が弱まる）
- チャネルなどネットワークの必要性（→必要だと脅威が弱まる）

②代替品の脅威

業界の製品・サービスに有力な代替品が存在すると、需要が代替品にシフトし、供給超過になり、収益性が低下する。逆に、有力な代替品が存在しないと、収益性が向上する。

なお、代替品を考える際には、製品・サービスの物理的な側面だけでなく、事業が顧客に対して提供する機能に注目すると良い。たとえば、ハンバーガー・チェーンの代替品という場合、ハンバーガーというファーストフードの代替品として牛丼や立ち食い蕎麦の影響を検討するだけでなく、「時間つぶし」という機能の代替品として喫茶チェーンやゲームセンターの影

響を検討する必要がある。
③供給業者の交渉力
　その業界に原材料・部品・工作機械などを供給する供給業者の業界に対する交渉力が強いと、それらを調達するコストが高まり、業界の収益性が低下する。逆に、供給業者の交渉力が弱いと、業界の収益性が向上する。
　供給業者の交渉力の大きさは、以下のような要因で決まってくる。
- 原材料などの差別性・内製可能性（→差別性が低く、内製が容易だと交渉力が弱まる）
- 業者数（→多いと交渉力が弱まる）
- 原材料などに関する情報の非対称性。伝統的な経済学では売り手と買い手が同じ情報を持つと想定されるが、実際には売り手の方が多くの情報量を持つ。売り手と買い手の情報格差のことを情報の非対称性という。（→情報の非対称性が小さいと交渉力が弱まる）
- 供給業者にとっての業界の重要性（→重要性が高いと交渉力が弱まる）
- 業界にとっての供給業者の重要性（→重要性が低いと交渉力が弱まる）

④顧客の交渉力
　製品・サービスを販売する顧客の業界に対する交渉力が高いと、販売価格が低下し、業界の収益性が低下する。逆に、顧客の交渉力が低いと、業界の収益性が向上する。
　顧客の交渉力の大きさを決める要因は、③の供給業者の交渉力に挙げた要因と表裏の関係なので、ここでは省略する。

⑤既存業者間の敵対関係
　業界内のプレイヤーが強く敵対すると、価格競争が発生し、業界の収益性が低下する。逆に、敵対関係が弱いと、業界の収益性が向上する。
　既存業者間の敵対関係の強弱は、以下のような要因で決まってくる。
- 業者数、強いリーダーの存在。強力なリーダーが存在すると競争を回避しようとする。（→業者数が少なく、強いリーダーが存在すると、敵対関係が弱まる）

- 製品・サービスの差別性（→差別性が高いと敵対関係が弱まる）
- 固定費や在庫。固定費を薄めるため、在庫を掃くため、安売りしようという誘因が働く。（→固定費や在庫が少ないと敵対関係が弱まる）
- 業界の成長速度。成長速度が低下すると、他社からシェアを奪わないと売上高が増えない。（→成長速度が速いと敵対関係が弱まる）
- 競争を制限する法規制（→法規制が存在すると敵対関係が弱まる）

　5つの要因が有利に働いているのが魅力的な業界、不利に働いているのが魅力的でない業界ということになる。
　図表3-1は、ドラッグストア・チェーン業界をファイブフォース分析

図表3-1　ドラッグストア・チェーン業界のファイブフォース分析

新規参入の脅威　○→△	代替品の脅威　○→△
△ 資本の必要性 △ 技術・ノウハウ △ 法規制 × 上位企業の占有度	△ OTC（薬局、コンビニエンスストア） △ 調剤（調剤薬局） × 日用品（GMSなど）

業者間の敵対関係　△→×
　× 業者数
　△ 業界の成長速度
　× 商品の差別性
　△ リーダーの存在
　△ 固定費・在庫
　△ 法規制

供給業者の交渉力　○	顧客の交渉力　○→△
○ 供給業者数 ○ 購入量・購入ロット ○ 商品の差別性、内製可能性 × 企業規模 ○ 情報の非対称性	○ 顧客数 △ 顧客にとっての重要性 × 商品の差別性、内製可能性 △ 情報の非対称性

以前は、薬事法の規制から新規参入や代替品の脅威が小さく、収益を上げやすい業界だった。近年は、規制緩和で競争が激化し、儲かりにくい業界になりつつある。

（著者作成）

したものである。業界の魅力を高める要因を○、魅力を低下させる要因を×、どちらとも言えない要因を△としている。

ドラッグストア・チェーン業界は、薬事法の規制で「新規参入の脅威」や「代替品の脅威」が小さかったが、法改正・規制緩和で脅威が大きくなりつつある。薬品メーカーなど「供給業者の交渉力」は弱いが、参入企業の増加で、「既存業者間の敵対関係」が強まりつつある。医療情報が増えて「顧客の交渉力」が強まっている。全体に収益を上げるのが難しくなりつつあるといえよう。

このように、業界の競争要因を分析すると、その業界が魅力的か、どの要因に働きかければ収益性を高めることができるのか、といったこと見えてくる。

なお、最近は、5つの要因に補完的生産者（P89参照）を加えて、6フォースを分析する場合もある。

❷ 業界内での位置取り

（1）基本競争戦略

産業の選択という1つ目のポジショニングに続き、企業が行う2つ目のポジショニングは、産業内部での事業領域の選択である。戦略的な領域の選択について、ポーターは3つの基本競争戦略を提示した。

5つの競争要因に対処するための基本的な戦略として、次の3つをあげている。

①コストリーダーシップ（cost leadership strategy）

規模の経済性（economies of scale）や経験曲線効果によるコストメリットを生かして競合他社より低コストで製品を供給する戦略。量的優位（低コスト）が確立されれば、同業者の値引き合戦にも勝てるし、買い手

の値引きや供給業者の値上げ要求にも対抗できる。また、コスト競争力に勝れば、参入障壁が高まって、新規参入者や代替品からの脅威にも対応できる。

②差別化(differentiation strategy)

競合他社にない製品やサービスを提供する戦略で、品質・機能・付加価値・消費者のブランド選好を高める努力をする。質的優位（差別化）を確立できれば、同業者の価格攻撃を回避できるし、最終顧客の高いブランド忠誠心を背景に、買い手や供給業者からの要求も薄まるし、新規参入者や代替品の脅威にも対抗できる。

③集中化(focus strategy)

特殊なマーケット・セグメントに絞り込んでその市場で優位に立つ戦略。集中化には、特殊分野（医療用注射針など）、特殊技術（レーザー彫刻加工技術など）、特殊な顧客層（ダイバー向け時計など）、地域的な特化（地銀など）があるが、販売方法や販売チャネル（美容室での化粧品の販売など）

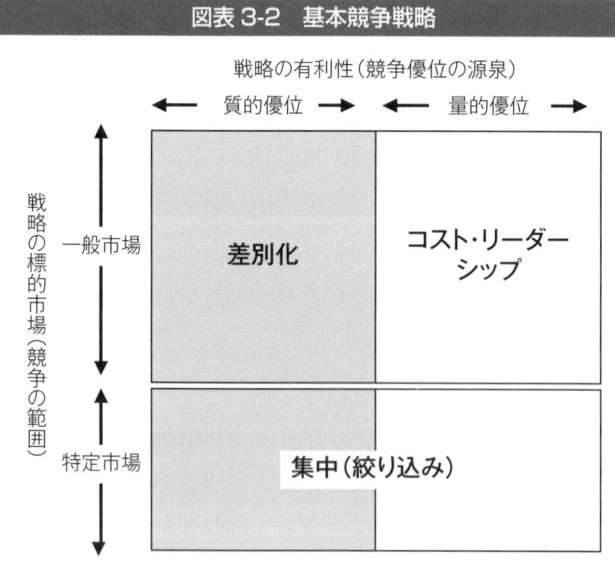

図表 3-2 基本競争戦略

	戦略の有利性（競争優位の源泉）	
	← 質的優位 →	← 量的優位 →
一般市場	差別化	コスト・リーダーシップ
特定市場	集中（絞り込み）	

（戦略の標的市場（競争の範囲））

（ポーター『競争の戦略』）

での特化をはかるケースも考えられる。集中化は、コスト面の優位を目指す**コスト集中**と質的な優位を目指す**差別化集中**に細分化できる。

(2) 地位別競争戦略

業界内の各プレイヤーは、マーケットでのポジション（地位）によって競争戦略を変えていく。これを**地位別競争戦略**という。

コトラーは、①リーダー、②チャレンジャー、③フォロワー、④ニッチャー、という4つの地位を示した。それぞれの地位の標準的な戦略は以下のようなものである。

①リーダー（Leader）

業界内で最大のシェアを持つ主導的な企業をリーダーと呼ぶ。リーダーは規模の経済性や経験曲線効果により、単位当たりのコストを最も低く抑えることができる。つまり、リーダーは、コストリーダーシップで優位に立つ可能性が高い。

リーダーは、市場での最大シェアを維持することを目標にする。そのために採るべき標準的な戦略は、地理・用途などの面でマーケット全体に対するカバー率を上げること（フルカバレッジ）、マーケットの規模拡大に努めること、競合が新しい製品やサービスで攻勢を掛けてきたら、類似の商品を出して、低コストと体力勝負で打ち負かすこと（同質化）である。

市場が安定している時には、リーダーは自ら先行して動かず、他社の打ち手に対応すればよい。

②チャレンジャー（Challenger）

業界でリーダーに次ぐ規模を持つ2位、3位の企業のことをチャレンジャーと呼ぶ。チャレンジャーは、通常、マーケットの広い範囲を対象にしている。リーダーがマーケット全体をカバーし、かつコストリーダーシップを握っているため、チャレンジャーは、自ら仕掛けていかなければそれ以上の拡大は望めない。コストで対抗できないため、差別化で対抗する場

合が多い。ユニークな商品、新しいコンセプトの商品を先手を打って展開することにより、新たな顧客、リーダーの商品に不満を持つ消費者を取り込んでいく。

　ただし、差別化には製品開発やプロモーションのコストが掛かるため、商品に差別化コスト以上の魅力、付加価値がないと新たな顧客を取り込むことができない。また、一時は差別化できても、リーダーが同質化で類似商品を出してくるため、一時の差別化、顧客獲得に安住せず、常に自ら差別化し続けなければならない。

③**フォロワー (Follower)**

　業界の中位・下位で、市場での生き残りを目指す企業をフォロワーという。フォロワーは、独自の戦略でリーダーやチャレンジャーに対抗し、反撃を受けるよりも、リーダーやチャレンジャーによってすでに成功が証明されている戦略を模倣することが多い。製品開発やプロモーションのコストを抑えて、安定的に事業を拡大できる。こうしたフォロワーの戦略を**模倣化**と呼ぶことがある。

④**ニッチャー (Nicher)**

　マーケットの中の特定セグメントを対象市場とする小規模なプレイヤーをニッチャーという。リーダーがマーケット全体をカバーしようとするのに対し、ニッチャーは、リーダーやチャレンジャーが苦手とするセグメントや規模的に魅力を感じないセグメントで独自のポジションを確立しようとする。つまり、ニッチャーの基本戦略は集中化である。売上高やシェアを増やすよりも、特徴ある存在として、利益率を向上させることを目指す。

(3) リーダー対チャレンジャー

　この4つの地位別競争戦略の中で、最も注目され、最も注意深い検討を要するのは、リーダーとチャレンジャーの戦いであろう。フォロワーやニッチャーは基本的に競争を回避するのに対し、リーダーとチャレンジャーは正面から競争に挑むので、戦略の巧拙によって明確に勝敗が決する。

リーダーとチャレンジャーの勝敗を決めるポイントは何だろうか。チャレンジャーが差別化でリーダーに対して攻勢を仕掛け、リーダーが同質化で迎え撃つという典型的なパターンを想定し、ポイントを確認しておこう。

第1に、チャレンジャーの戦略がどれだけ模倣困難かが問題になる。チャレンジャーの戦略の差別性が高いと、リーダーの同質化が困難になる。

第2に、チャレンジャーの戦略行動にどれだけ先行優位性があるかである。他社に先駆けて戦略行動を取ることで優位に立つことを先行優位性という（詳しくはP81で後述）。チャレンジャーの戦略行動の先行優位性が高いと、リーダーの同質化は効果を発揮しない。

第3に、リーダーとチャレンジャーの経営資源・能力の格差がカギになる。リーダーとチャレンジャーの経営資源・能力に格差が大きい場合、体力勝負でリーダーの同質化が成功しやすい。格差が小さい場合、成功確率が低下する。

第4に、リーダーあるいはチャレンジャーの"敵失"である。リーダーは同質化を、チャンレンジャーは差別化を徹底すれば良いのだが、戦略を徹底できないなどのミスをしてしまうことがある。

ビール業界では、チャレンジャーだったアサヒが1987年「スーパードライ」を発売し、差別化に成功すると、リーダーのキリンは「キリンドライ」を発売し、同質化を試みた。この"ドライ戦争"について、これらのポイントがどう作用したかを簡単に振り返っておこう。

第1の模倣困難性は、短期間でキリンなど他社が類似品を発売した通り、商品そのものには存在しなかった。ただ、アサヒがスーパードライで缶ビールを強化したことは、当時勢いを増してきたディスカウントストアやコンビニエンスストアなどでの販売に適合していた。一方、伝統的な酒販店を主力販売先とするキリンにとって、既存チャネルとのコンフリクト（摩擦）を引き起こす面があり、チャネル政策という点で模倣しにくい面があった。

第2の先行優位性は、アサヒが派手なイメージ広告で消費者に「ドライ＝スーパードライ＝アサヒ」と刷り込んだことは、ブランド構築という面

で効果があった。

　第3の経営資源・能力については、当時キリンは5割以上のシェアを持ち、チャネル・人材・資金などあらゆる面で圧倒的な優位に立っていた。

　第4の"敵失"について、キリンの戦略が徹底しなかった。キリンはラガーという圧倒的なシェアの製品を持っていたが、1988年にキリン・ドライを出した。しかし、単なるアサヒの模倣で、中途半端なプロモーションしか行わなかったことから、失敗に終った。そこで翌1989年、消費者の嗜好は多様化していると判断し、モルトドライ、ファインドラフト、ファインピルスナー、クールと4種類の新製品を発売した。ところが、キリンが得意とする街の酒販店は売場が狭いので、多くの品種を幅広く取り扱うのが難しく、このフルライン戦略も失敗に終った。

　キリンは翌1990年、一番絞りを発売し、初年度に3500万ケースを売る大ヒットとなった。当時の本山社長は、一番絞りがラガーを喰うことになっても構わないと背水の陣で臨んだという。ところが、一番絞りの勢いが続く1994年に、ラガーの活性化を目指す「ラガー・センタリング作戦」を展開し、ラガーの生化を進めた。結果的に、ラガーも一番絞りも共倒れになってしまった。このように、キリンの戦略は迷走し、自滅した感がある。

　総じていうと、第1・2の点からアサヒの差別化は効果的だったが、第3の経営資源・能力の圧倒的な格差から、キリンにとって挽回不可能なものではなかった。にもかかわらず最終的にキリンがドライ戦争に敗れただけでなく、シェア1位の座をアサヒに譲ったのは、第4の"敵失"の影響が大きかったと思われる。

　もちろん、ドライ戦争はあくまで一例であって、リーダーが勝つこともチャレンジャーが勝つこともある。また、4つの要因のどれが大きく作用するかも、ケースバイケースといえよう。

（4）ポジショニング・マップ

競争戦略を策定するとき、業界内の競合状況を**ポジショニング・マップ**（あるいは戦略グループ・マップとも言う）にまとめて分析することがある。

ポジショニング・マップは、縦横の2軸に業界の代表的な競争変数を取って、業界内での各社のポジショニングの違いを明らかにすることである。

図表 3-3 は、日本の証券業界の各社の競争状況をポジショニング・マップで整理したものである。業界内のプレイヤーの数が少ない場合は個別企業で作成するが、証券業界は数が多いので、戦略グループ単位で分類している。

このマップから、地場証券は特徴的なポジショニングを取ることができ

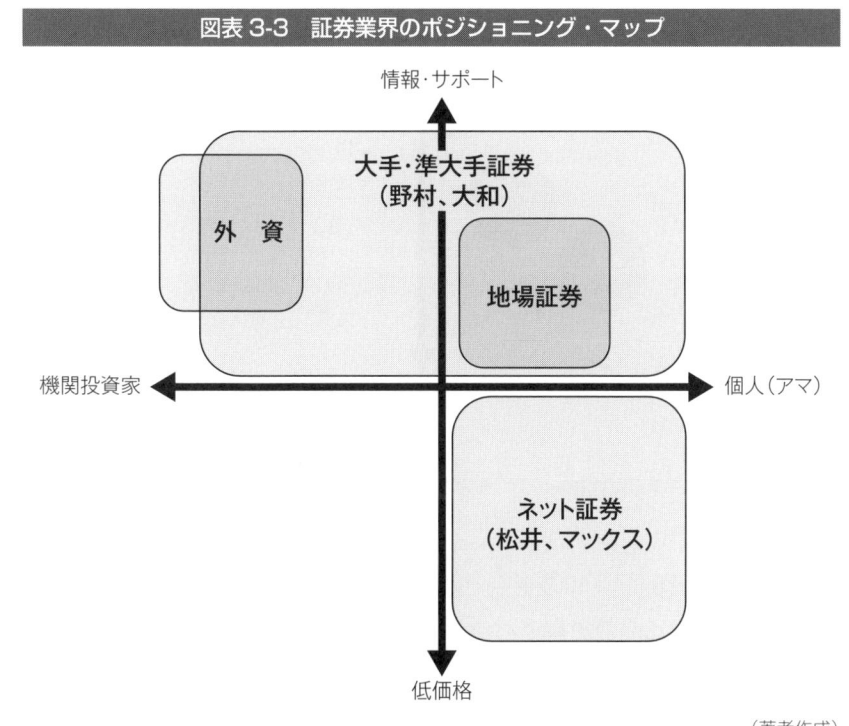

図表 3-3　証券業界のポジショニング・マップ

（著者作成）

ず、戦略的に厳しいこと、左下の「機関投資家向け、低価格」というポジショニングは未開拓であること、などがわかる。

　ポジショニング・マップを作成する際、2軸の取り方が問題になる。図表3-4のように相関する2軸を取ると、各社が右上から左下に並び、左上に「高価格・低品質」という非現実的な領域ができてしまう。

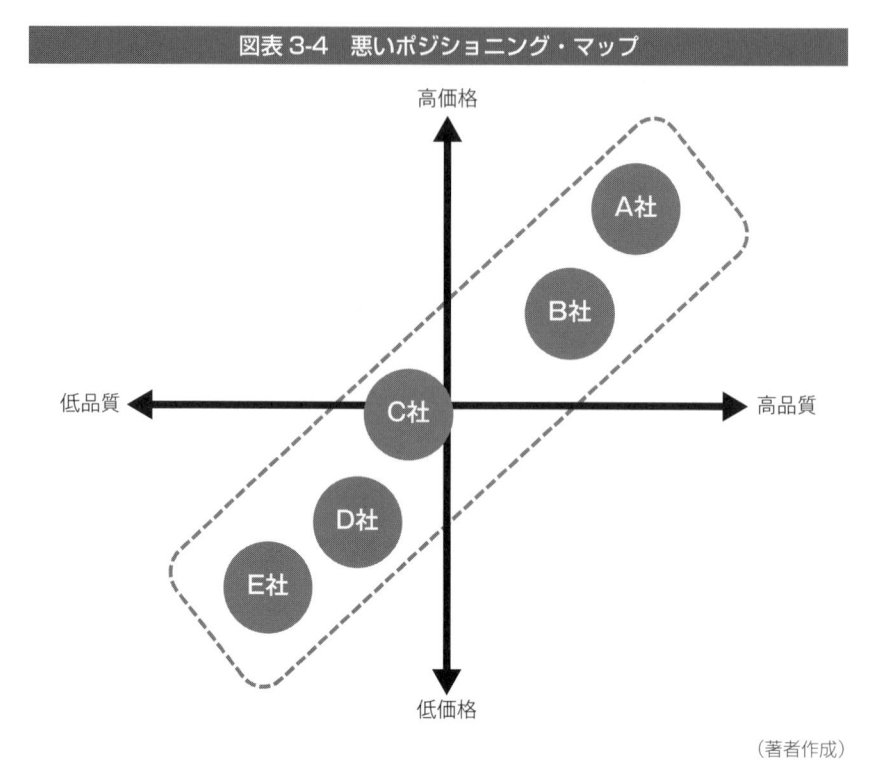

図表3-4　悪いポジショニング・マップ

（著者作成）

　質的に異なる2軸を取って、業界のプレイヤーが戦略の違いによってばらけるのが、良いポジショニング・マップである。事業は顧客層・顧客機能・代替技術という3つの視点で定義できるので（P34参照）、このうち2つから軸となる変数を選ぶと良い。

（5）スタックインザミドル仮説

　市場には、高品質を期待する顧客もいれば、低価格を望む顧客もいる。企業が売上高を増やすために、すべての顧客ニーズに対応しようとすると、差別化とコストリーダーシップを同時に追求することになりやすい。

　ポーターは、こうした二兎を追うやり方を批判し、基本競争戦略を明確にし、徹底することを強調している。

　図表 3-5 のように、縦軸に投資利益率、横軸にシェアを取ると、利益率が高いのは、差別化あるいはコストリーダーシップで業界全体で優位に立ったシェアの大きい企業か、集中化で特定の領域で優位に立った企業である。差別化・コストリーダーシップ・集中化のどれかに徹底せず、中くらいの規模の企業は利益率が低くなる。

　このように戦略を徹底できず、中途半端な状態で優位を失うことを、ポーターは**スタックインザミドル**（stuck in the middle 中間の立往生）と呼

図表 3-5　スタックインザミドル

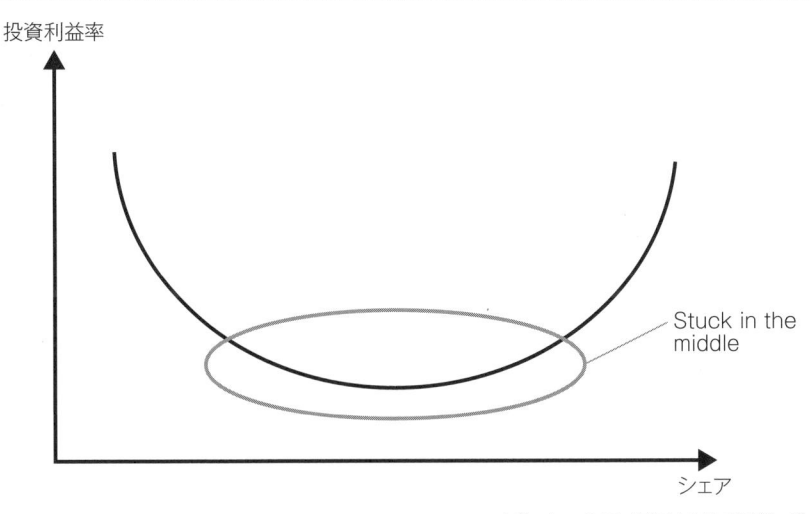

（ポーターのアイデアを基に著者作成）

んだ。「差別化も、コストリーダーシップも」ではなく、戦略を特化することが重要である。

(6) ポジショニングに適合したバリューチェーン

　ここまでポジショニング・ビューの考え方を「収益性の高い業界を選び、業界内で特徴的なポジショニングを取るという2重の作業」と単純化して説明した。しかし、2重のポジショニングですべてが完結するわけではない。ポーターはさらに、選択したポジショニングにフィット（適合）した事業活動システムを社内に構築することの重要性を強調している。

　そのカギになるフレームワークとしてポーターが考案したのが**バリューチェーン**（Value Chain、価値連鎖）である。

　バリューチェーンは、企業のさまざまな活動が最終的な付加価値にどのように貢献しているのか、その量的・質的な関係を分析するツールである。ここでいうバリューは顧客から見た価値であり、それが企業活動のプロセスのどこで発生するかを明らかにする。

　ポーターは、企業の活動を「購買物流」「製造」「出荷物流」「販売・マーケティング」「サービス」という5つの主活動と「人事・労務管理」「技術開発」「調達活動」という3つの支援活動に分けて、図表3-6のような標準的なバリューチェーンを示した。

　企業は、顧客に最高の価値を提供できるよう、狙ったポジショニングに適合した合理的なバリューチェーンを設計する。各活動の効率を上げるとともに、関連する活動を調整する。また、バリューチェーンが外部環境に適合しなくなったら、組み換えなどを行う。

　明確なポジショニングをし、それに合致した合理的なバリューチェーンを構築した成功例として、ファーストリテイリングのユニクロ事業を紹介しよう。

　ユニクロの基本競争戦略は、高品質低価格のカジュアルウェアを提供するコストリーダーシップである。ユニクロは、圧倒的な安さを実現するた

図表3-6 標準的なバリューチェーン

支援活動	全般管理(インフラストラクチュア)					マージン
		人事・労務管理				
			技術開発			
			調達活動			
	購買物流	製造	出荷物流	販売・マーケティング	サービス	

主活動

(ポーター『競争優位の戦略』)

めに、少品種大量、大量仕入れ、海外生産、返品なし、簡易な店舗、セミセルフ販売など、安さの実現に直結したバリューチェーンを構築している(図表3-7)。

図表3-7 ユニクロのバリューチェーン

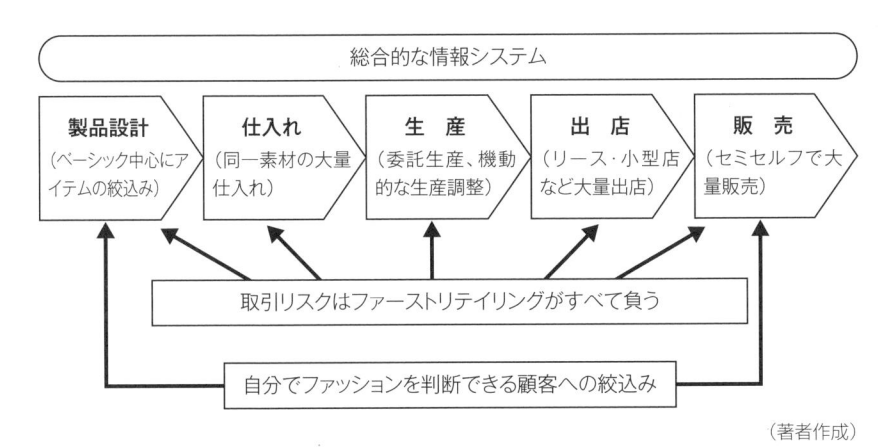

総合的な情報システム

製品設計(ベーシック中心にアイテムの絞込み) → **仕入れ**(同一素材の大量仕入れ) → **生 産**(委託生産、機動的な生産調整) → **出 店**(リース・小型店など大量出店) → **販 売**(セミセルフで大量販売)

取引リスクはファーストリテイリングがすべて負う

自分でファッションを判断できる顧客への絞込み

(著者作成)

3 競争戦略の新しい展開

（1）スタックインザミドル仮説への反論

　前節で紹介したポジショニング・ビューの競争戦略は、経済学をベースにした非常にシステマチックな考え方である。その明快さから、1980年代以降、ハーバード・ビジネススクールなどアメリカのMBAやMBAホルダーを多数擁するコンサルティング会社を起点に、世界的に普及した。

　しかし、ポジショニング・ビューの考えが広がると、疑問・批判が提起されるようになった。そして、ポジショニング・ビューへの批判とそれを受けた再反論・論争を通して、1980年代以降、競争戦略論は大いに発展した。ここからは、ポジショニング・ビューへの批判のうち4つを紹介し、その後に展開された競争戦略の論点を見てみよう。

　まず、1つ目の批判は、ポーターのスタックインザミドル仮説に対するものである。

　ポーターは、差別化・コストリーダーシップ・集中化のいずれかに特化することが成功のカギだとした。これに対しサローナーらは、差別化・高品質とコストリーダーシップ・低価格は、必ずしもトレードオフ（二律背反）の関係にあるわけでなく、高品質・低価格という組み合わせが存在することを示した。

　日本の外食産業を例にとると、「ひらまつ」のような高級フレンチか「サイゼリア」のような低価格チェーン店に需要が二分されるわけでなく、そこそこ高品質でそこそこ低価格という需要が存在する。そういう需要に適切に対応して発展している外食店が多数存在する。

　また、キムとモボルニュが提唱した**ブルーオーシャン戦略**では、競争が存在しない未開拓市場であるブルーオーシャンを開拓するカギとして、低価格だが高付加価値という戦略を推奨している。

　坂本孝が2011年に創業した「俺の」は、一流シェフによる高級食材

を使った食事を立ち飲みスタイルで低価格で提供する「俺のフレンチ」「俺のイタリアン」などを次々と展開し、飲食業界に旋風を起こしている。坂本は、知人から焼き鳥店の経営を任されて70歳で飲食業界に足を踏み入れた。しかし、この焼き鳥店はうまくいかず、全国を食べ歩きして繁盛店の秘密を探った。その結果、ミシュラン・ガイドに載るような高級店か立ち飲み店が流行っていることを悟った坂本は、ならばいっそのこと2つを組み合わせれば良いのでは、と考え「俺の」を始めた。

スタックインザミドル仮説によると、高級店か立ち飲み店のどちらかに特化するべきである。差別化とコストリーダーシップを両立させた「俺の」は、ポーターの仮説への反証であり、ブルーオーシャン戦略の成功例と言えよう。

このように、ポーターのスタックインザミドル仮説への反論や反証事例は多い。

（2）やはり戦略の徹底は大切

しかし、大局的には、「戦略を徹底すべし」というポーターの主張は的を射ているのではないだろうか。

まず、差別化とコストリーダーシップの二兎を追う両面戦略は、容易なことではない。差別化では斬新な製品を開発する能力、プロダクト・イノベーションが重視されるのに対し、コストリーダーシップでは、効率的に製品を生産する能力、プロセス・イノベーションが重視され、必要となる経営資源やビジネスの考え方が大きく違うからだ。

そこそこ高品質・そこそこ低価格は実現できても、高品質と低価格をハイレベルで両立させるのは難しい。駅前の寿司屋が「スシロー」など低価格の回転寿司チェーンの登場で駆逐されつつあるように、中途半端な両面戦略では、何とか延命することはできても、競争優位を構築・維持するのは難しい。

トヨタは、低価格の大衆車カローラから高級車レクサスまで幅広く展開

し、企業レベルで両面戦略に成功している。これはトヨタが、人材・資金・技術・協業ネットワークなど、両面戦略に対応できる高度な経営資源を豊富に持っているからである。そのトヨタが圧倒的な経営資源を持つに至ったのは、1950年代から70年代にかけて、コストリーダーシップを徹底し、成功した結果である。つまり、高度な経営資源を使って両面戦略で成功するのは、企業が発展した結果であって、そういう状態になるためには、まず戦略を徹底する必要がある。

「ブルーオーシャンを見つけ出せ」というのも、口で言うほど簡単なことではない。誰もがブルーオーシャンを血眼になって探している中、他を出し抜くには、ていねいにSWOT分析をするくらいではまったく不十分だ。究極的には、事業家の天才的なセンスが要求される。

「俺の」を成功させた坂本孝は、1990年に低価格の古書店チェーンブックオフを起業し、短期間で1000店舗を超える巨大チェーンに成長させている。このブックオフもブルーオーシャン戦略の名高い成功事例である。坂本のような天才的センスの持ち主は、次々にブルーオーシャンを見つけ出せるわけだ。アップルのスティーブ・ジョブズなども、似たタイプの経営者といえよう。

ただ、坂本やジョブズのような天才がいない大半の企業はどうするべきか。経営者が天才になろうと目指すよりも、まず現在のドメインの周辺で差別化かコストリーダーシップを目指すのが、常識的な選択肢であろう。

圧倒的な経営資源を持つか、事業家が天才的センスを発揮すれば、コストリーダーシップと差別化は両立する。そういう状態を目指すのが経営戦略の要諦だという考え方もできる。しかし、いずれにも該当しない大半の企業は、ポーターが主張するように、まずは戦略を徹底して競争優位を構築することを目指すべきであろう。

(3) 良いポジショニングをすれば安泰か？

ポジショニング・ビューへの2つ目の批判は、魅力的なポジショニン

グを見つけ出し、そこで事業を展開しても、他社がそこをめがけて殺到してくるので、ポジショニングによる優位性は長続きしない、持続的な競争優位にはならないのではないか、という意見である。

ビジネスの現場では、絶え間なく、猛スピードで模倣が行われる。アメリカのマクドナルドが1971年に銀座三越に日本1号店を開くと、当時日本にはハンバーガー市場が存在しなかったにもかかわらず、早くも翌1972年、モスバーガーとロッテリアが参入している。よく「日本人は物まねが得意」と揶揄されるが、日本だけでなく世界中で熾烈な物まね競争が繰り広げられている。

ブルーオーシャン戦略においても、競争が存在しないブルーオーシャンの持続期間は、せいぜい10～15年くらいと想定されている。やがて他社に模倣されて、競争の激しいレッドオーシャンになってしまうという。

他社に先駆けて魅力的なポジショニングをしても、決して安泰ではないということだ。

（4）先行優位性の条件

ポジショニングによる競争優位の持続に関して、先行優位性（あるいは**先発優位**）を確認することは重要である。他社に先駆けて新しい戦略や新商品を導入することで優位に立つことを先行優位性という。

P71でも紹介した通り、1987年にアサヒビールが「スーパードライ」を発売すると、翌1988年にキリンなど3社が類似したドライビールを発売し、いわゆる「ドライ戦争」が勃発した。しかし、最終的に勝ち残ったのは先行者のアサヒビールで、後行の3社はドライビールの販売中止に追い込まれた。先行優位性の典型的な事例である。

ただし、新しい事業・商品には、大きなリスクと開発など投資負担を伴う。先行者を確認してから遅れて実施した方が有利な場合がある（**後行優位性**あるいは**後発優位**）。

家庭用ビデオの規格で、1975年にソニーがベータ方式を、1976年

に日本ビクター（現 JVC ケンウッド）が VHS 方式を導入した。ベータ方式は先行しただけでなく、性能的にも優れていたが、後行の VHS 方式がデファクトスタンダードになった。

先行優位性が成立するには、次のような条件がある。

①経験曲線効果

経験曲線効果（P45 参照）が働く製品・サービスでは、先行者は先に累積生産量を増やせるので、低コストで優位に立てる。

②ネットワークの外部性

ネットワークの参加者が増えるほどネットワークそれ自体の価値が増すことを**ネットワークの外部性**という。SNS のようなネットワークでは、他社に先駆けて標準的なネットワークを形成することが重要だ。

③ブランド

とくにビールのような消費財では、他社に先行することで強力なブランドイメージを消費者に植え付け、優位に立つことができる。

④買い手のスイッチングコスト

買い手がある商品から新しい商品に切り替えるときに発生する費用・手間などを**スイッチングコスト**という。工作機械や原動機など産業材は、使用のために教育訓練が必要なのでスイッチングコストが大きく、先行優位性が働きやすい。

⑤希少資源の占有

航空会社にとっての空港発着枠や電話会社にとっての公衆電波のように、事業に必要な資源が希少な場合、それを他社に先駆けて占有することで、優位に立てる。

こうした条件が当てはまるなら、まだ不完全な状態の事業・商品であっても、拙速なくらいスピードを重視して先行するべきである。当てはまらないなら、後行でじっくり展開することで良い。どちらが良いかは、産業

の性格によって決まってくる、ということになる。

ただし、アマゾンやフェイスブックの隆盛にみるようにネットワーク型のビジネスが増えていること、市場・技術の変化が加速していることから、先行優位性が重要性を増しているといえよう。

(5) 特徴的なポジショニングは模倣しにくい

ポジショニングによる競争優位の持続性に対する疑問について、当のポーターはどう考えたのか。

大雑把に整理すると、「特徴的なポジショニングは、それ自体が模倣を防ぐ障壁になる」というのがポーターの返答である。ある業界内で、プレイヤーがそれまでの戦略と別の戦略に転換しようとする際、障壁となる要因のことを**移動障壁**という。特徴的なポジショニングを取ると、それが特許や規制で保護されていなくても移動障壁となり、他社は簡単に模倣できないというのだ。

たとえば、ファーストリテイリングが低価格のカジュアルウェアユニクロを展開して高収益を実現している一方、大手百貨店はバブル崩壊以降、長く収益低迷に苦しんでいる。では、大手百貨店の衣料品部門がユニクロのビジネスを模倣しただろうか。そごうなどのようにユニクロに出店してもらうケースはあるものの、ユニクロが1998年に原宿店を出店し脚光を浴びて20年以上経つのに、本格的な模倣に取り組んだ百貨店は出現していない。

図表3-8のように、ユニクロと百貨店では、顧客・商品・価格・調達・店舗・販売と、あらゆる面で実に大きな違いがある（最近のユニクロは、顧客・商品・店舗など高級化させ、百貨店に近づいている面があり、図表は違いを強調していることを了解いただきたい）。

この状況で、百貨店がユニクロを模倣しようとすると、ちょっとした小手先の改善では済まされず、ビジネスのあらゆる面を変革しなければならない。現在自社を愛顧している顧客を見捨てるのか、返品ができな

図表 3-8　ユニクロと百貨店

	ユニクロ	百貨店
顧　客	機能的価値を重視	ファッション性・ブランドを重視
商　品	ベーシック商品、少品種大量	ファッション商品、多品種少量
価　格	低価格	高価格
調　達	自社生産（返品不可）	メーカーから仕入（返品可）
店　舗	郊外・駅中など生活圏に中小型店	繁華街に大型店
販　売	セルフ販売	店員が専門的な説明をし販売

（著者作成）

なって在庫を抱え込むことはないのか、余剰になる従業員をどう処遇するか、などさまざまな難題に対処する必要がある。

とくに、百貨店には売れ残りを仕入先に返品できる商慣行があるので、返品できないユニクロのやり方は在庫のリスクが大きい。ユニクロは、新商品を販売する場合、まず予測販売数量の半分を店頭に出して売れ行きを見て、売れるとわかったら大増産を掛けるというやり方でこのリスクをコントロールしている。P77 で示した統合的なバリューチェーンがこのやり方を可能にしており、百貨店が模倣できない要因になっている。

すでにある事業を展開している企業は、その事業に合わせて顧客・システム・経営資源などを最適化している。他社を模倣しようとすると、それらすべてを見直す必要が出てくる。すでに事業を行っている企業にとって、他社の特徴的なビジネスを模倣するのは、意外と難しいという結論になる。

特徴的なポジショニングを取り、それに適合した合理的なバリューチェーンを構築していると、そのこと自体が他社から模倣を防ぐ障壁となるのである。

（6）別組織による模倣

　この説明に対し、既存のプレイヤーが現在の事業を維持しながら、新規事業として別組織で模倣することがありうるのではないか、という反論があろう。

　1993年にプラスは、文具・オフィス用品をカタログ通信販売するアスクルを開始した。国内文具市場においてシェア1位のコクヨは、アスクルによって市場を侵食され始めた。全国各地の文具店と取引があるコクヨは、文具店経由の既存チャネルを維持しつつ、2001年に子会社カウネットを設立し、アスクルと同様のサービスを始めた。

　このことは、本業自体を大きく変革するのは難しくても、別の組織で対応することは可能であることを示しているといえる。

　ただし、アスクルの登場からコクヨがカウネットを導入するまで、8年の歳月を要している。コクヨは、自社がカウネットでユーザーと直接取引をすることで、文具店に悪影響が及ぶことを懸念した。アスクルの売上高は3,604億円（2018年5月決算）に達しているのに対し、対応が遅れたカウネットは975億円（2018年12月決算）に過ぎず、市場への浸透はいまひとつである。アスクルは2013年からヤフーと提携して日用品を扱うLOHACOを展開し、カウネットとの差をむしろ広げている。

　つまり、別組織で模倣すること自体は決して不可能ではないが、それによって先行者を凌駕して競争優位を確立するのは、やはり容易ではないのだ。

（7）棲み分けることが理想か？

　ポジショニング・ビューに対する3つ目の有力な批判は、業界内で各社が棲み分けることが企業にとって本当に良いことなのか、という疑問である。

　ポジショニング・ビューによると、競争圧力の弱い業界の中で、各プレ

イヤーが棲み分けるのが、収益性を高める上で有利な環境条件である。皮肉な表現になるが、ポジショニング・ビューは、競争戦略といいながら、「競争を避けるための戦略」という性格を持つ。

たしかに、家電小売りやガソリンスタンドのように各社が入り乱れて熾烈な価格競争を繰り広げている業界よりも、電力のように各社が棲み分けている業界の方が収益性は高い。日本の産業に対する批判として、各業界でプレイヤーの数が多く、整理・再編が進んでいないため、競争圧力が大きいことが指摘される。

しかし、逆に、競争の激しい産業の方がグローバルな競争力を維持している場合がよくある。その典型例が日本の自動車産業であろう。アメリカには完成車メーカーが4社しかないのに、市場規模が半分にも満たない日本には14社がひしめき合っている。大昔から過当競争が指摘されてきたが、1980年代日本のメーカーがグローバル市場を席巻したのは、国内で競い合ったことで品質や環境技術といった組織としての能力が高まったためである。

航空業界や石油業界が1990年代以降の規制緩和で苦境に立たされたように、長く規制に守られていると、組織としての能力が高まらず、闘争本能も失われる。長い目で見ると、競争を避けるよりも、進んで競争に身を置いて組織としての能力や闘争本能を高めた方が良いという考え方が成り立つ。

結論的には、競争によって企業の能力が高まるかどうかが判断の分かれ目になる。家電小売りやガソリンスタンドのように、競争によって能力が高まらず、各社が疲弊するだけという業界は、ポジショニングで棲み分けることを考えるべきだ。自動車のように競争によって各社の組織としての能力が高まるなら、進んで競争に参加する方が長い目で見て得策だろう。

1980年代、ポジショニング・ビューに対抗して、組織としての能力を競争優位の源泉とするRBVが登場した。こうした企業内部に着目する戦略については、次の第4章で検討しよう。

(8) 有利な環境を創り出す

4つ目は、企業は有利な環境を見つけ出して受動的に適応するだけでなく、能動的に有利な環境を創り出すべきではないか、という批判である。これは批判というより、ポジショニング・ビューの理論を発展させたアプローチだと考えることができる。

ファイブフォースに集約される業界の競争要因は、必ずしも固定的・永続的ではない。PEST（P21参照）などマクロ要因の変化によって業界の競争要因が変化することはたびたびある。

保険業界では、1995年に保険業法の改正が行われ、生命保険会社と損害保険会社がお互いの保険商品を販売することができるようになった。また、インターネットの普及によって、代理店や販売員を通さず保険商品をダイレクト販売する業者が参入している。保険業界では、こうしたマクロ的な要因によって、「新規参入の脅威」や「既存業者の敵対関係」が変化し、競争圧力が高まっている。

これはPESTの変化で業界の競争要因が悪化した事例だが、逆に、業界のプレイヤーが能動的に働きかけて、業界の競争要因を好ましい方向に変化させることができる。タイプの異なる成功事例をいくつか紹介しよう。

①業界再編による「既存業者間の敵対関係」「顧客の交渉力」の緩和

鉄鋼業界では、2003年に業界2位の日本鋼管と3位の川崎製鉄が合併してJFEスチールが、2012年にはかつて業界首位だった新日本製鉄と住友金属工業が合併して新日鉄住金（現・日本製鉄）が誕生した。こうした大型合併によって業界のプレイヤーの数が減って、競争圧力が緩和されている。

鉄鋼業界だけでなく、紙パルプ業界や石油業界でも近年、業界再編が進んでいるように、規模がものを言う装置産業では、業界再編による集約化は有効な戦略である。

②業界のルール変更による「顧客の交渉力」の緩和

　「保険の窓口」は、来店型の生命保険販売代理店である。複数の保険会社から中立の立場で顧客に合った商品を提案する仕組みで、1995年の設立以来急成長を続けている。従来、生命保険は、特定の保険会社に所属するセールスレディが職場や家庭を訪問して販売する仕組みだったが、保険の窓口はこうした業界のルールを変更し、顧客への利便性を高めている。

　先ほど紹介した生損保の乗り入れは、マクロ要因の変化によるものだが、保険の窓口は、業界のルールを変えたことによる成功事例といえる。

③顧客の囲い込みによる「代替品の脅威」の緩和

　航空会社はマイレージ・プログラムを導入し、顧客を囲い込んでいる。マイレージ・プログラムでは、顧客が利用した距離や物品購入額に応じてポイントが付与され、航空券の購入などにポイントを利用できる。多くの航路では空席が発生するので、この空席をマイルに活用すれば、航空会社は追加コストなしで顧客を囲い込むことができる。

　航空会社のマイレージ・プログラムや食品スーパーのポイントカードは、たいていの会社が導入しているので、それによって業界の他社に対し優位に立てるわけではない。しかし、新幹線やコンビニエンスストアのような代替品への需要のシフトを防ぐことができ、業界の収益性にプラスの貢献をもたらしているといえよう。

　リーダー以外の体力に劣る下位企業は、業界の競争要因を所与の条件と受け止め、それに受動的に適応することに終始しがちだ。しかし、とりわけ、技術変化の激しい業界、成長初期段階の業界、規模の小さい業界においては、プレイヤーの働きかけによって競争要因が大きく変わることが珍しくない。業界の収益性を低下させている要因を見つけ出し、能動的に働きかけることを考慮したいものである。

(9) 協調の戦略とバリューネット

　ポジショニングの競争について考えてきた本章に最後に、競合と協調する戦略について考えてみよう。従来は、ポジショニング・ビューが想定するように、明確な業界を形成して業界内で競争することが多かった。ところが、1990年代以降の規制緩和で業種・業界の垣根が崩れたことなどから、近年は、"異種格闘技戦"の様相を呈するようになっている。

　業界内外のプレイヤーと協調する戦略を考える上で、ゲーム理論を援用した**バリューネット**（Value Net 価値相関図）は有用なアプローチである。

　バリューネットでは、企業から見て顧客サイドについて、競合企業と補完的生産者を次のように定義する。

● 利害関係者の製品を顧客が所有したときに、顧客にとっての自社製品の価値が増加する場合、その利害関係者を**補完的生産者**と呼ぶ。
● 利害関係者の製品を顧客が所有したときに、顧客にとっての自社製品の価値が下落する場合、その利害関係者を競合企業と呼ぶ。
　供給サイドについても、同様の定義ができる。
● 供給業者が利害関係者に供給すると、自社への供給も魅力的となる場合、その利害関係者を自社の補完的企業と呼ぶ。
● 供給業者が利害関係者に供給すると、自社への供給が魅力的でなくなる場合、その利害関係者を自社の競合企業と呼ぶ。

　競合企業の優位性を削ぐよう対応するとともに、補完的生産者と協業して、市場の拡大などに努める。

　伝統的な競争戦略では、業界内の同業者と比較したポジショニングのあり方が重要だった。しかし、同業かどうかに関係なく、幅広く競争関係を捉える必要がある。

　CPUを製造するインテルは2003年、日本のDRAMメーカー、エル

ピーダ・メモリに出資した。DRAMでは、韓国サムソンの支配力が強まっており、寡占によってDRAMの価格が上昇しつつあった。インテルの顧客であるPCメーカーにとってDRAMの価格上昇はコストアップになる。PCの販売価格が上がると、PCの需要が減少し、インテルが独占的に供給するCPUの売上高が減少する。インテルは、エルピーダを支援することによってDRAM市場を競争的にし、DRAM価格の引き下げ、引いては自社の販売数量を確保しようとしたのだった。

つまり、バリューネットの考え方では、インテルから見て、エルピーダは補完的生産者、サムソンは競合企業ということになる。

一般に、自社がビジネスを展開する市場が小さい場合には、顧客の数を増やすために競合関係にある企業と補完関係を構築する。

また、ソニーのブルーレイが業界標準になった次世代DVDの規格競争に見るように、補完的生産者との間で協業して、いち早くデファクト・スタンダードを構築することが重要である。

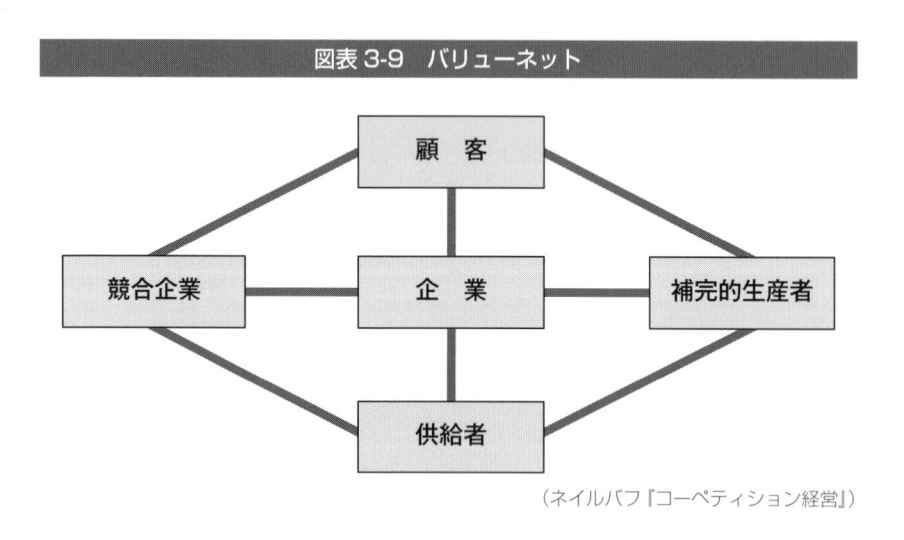

図表3-9　バリューネット

(ネイルバフ『コーペティション経営』)

ケースの解説

本ケースは、住宅販売業界における競争条件を考察するものである。

まず、リクルートがSUUMOを本格展開する以前（2000年代半ばまで）の不動産販売業界の環境を5フォースで分析すると、以下のようになる。なお、カッコ内は、業界にとっての有利・不利を意味する。

① **新規参入の脅威**：大きい（不利）。←投資額が小さい。技術水準が低い。
② **代替品の脅威**：やや大きい（やや不利）。←販売業者を通さない相対取引が盛ん。
③ **供給業者の交渉力**：やや小さい（やや有利）。←供給過剰。高品質のビルダーなど一部の業者は交渉力を持つ。
④ **顧客の交渉力**：大きい（不利）。←供給過剰。業者ごとの差別性がない。
⑤ **既存業者間の敵対関係**：強い（不利）。←業者数が多く、リーダー不在。成長鈍化。

まとめると、以前の不動産販売業界は競争圧力が強く、収益性を上げるのは難しそうだ。業界の選択を重視する初期のポジショニング・ビューの考え方だと、「魅力的な業界ではなく、撤退すべき」という結論になるかもしれない。

リクルートは、不動産事業から撤退するのでなく、SUUMOによってWeb検索やマッチングの機能をアップさせることで上記の要因に働きかけ、業界の競争条件を変えた。

①簡単な仲介サイトではSUUMOに太刀打ちできなくなり、業界への参入障壁が高まった。
②相対取引に対して優位性が高まり、代替品の脅威が弱まった。
③零細業者の中古物件だけでなく、大手の新築物件でもSUUMOを利用

するようになり、供給業者の交渉力が弱まった。
④まず SUUMO で検索してから物件探しをするという行動パターンが浸透し、顧客の交渉力が弱まった。
⑤リーダー不在の状況が改善し、既存業者間の敵対関係が弱まった。

　以上から、SUUMO は、業界環境に適応したというより、能動的に業界環境を変えることによって成功したといえよう。不動産は明らかに成熟業界だが、成熟業界でも、業界の競争要因は大きく変化しうるのである。
　なお、SUUMO がもともと対立関係にあった地場の不動産業者や大手の新築業者と協調しているのも、新しい競争戦略のあり方として示唆に富んでいる。

実践のチェックポイント

- 自社の事業が所属する業界を5フォース分析し、どの要因が収益性を低下させているか、今後どのように働きかけていくべきかを明らかにせよ。
- 自社と競合する数社を取り上げ、各社の基本競争戦略・地位別競争戦略を明らかにせよ。また、各社の競合状況をポジショニング・マップで整理し、今後自社はどのポジションを狙っていくべきかを明らかにせよ。
- 自社のバリューチェーンを図示せよ。基本的な戦略の遂行のために合理的な設計になっているかどうかを分析し、改善の方向性を示せ。
- 自社の戦略はあれもこれもと拡張して、焦点が絞り切れず、スタックインザミドルの状態になっていないか。
- 自社の事業は先行優位性を発揮できているか。他社が先行優位性を発揮しているなら、どの要因が重要で、今後どのように優位性を突き崩していくべきかを示せ。

● 所属する業界の環境に順応するだけでなく、業界のルールを変えるような取り組みができているか。
● 自社の事業についてバリューネットを作成し、どのプレイヤーが自社の価値を高めて（低くして）いるかを分析せよ。

第4章

経営資源で優位に立つ

　第3章では、外部環境の機会に着目する競争戦略を検討した。競争戦略のもう1つの有力なアプローチは、企業内部の経営資源や組織能力で優位に立つことである。この章では、RBVなど企業内部に主眼を置いた戦略について検討する。

ケース　旭化成

　旭化成の源流は、アンモニア合成化学と化学繊維の2つである。アンモニア合成化学は1906年に野口遵が創業した鹿児島に創業した曽木電気が、化学繊維は1922年設立の旭絹織が発祥である（会社設立は1931年）。

　1960年代以降、国内繊維産業の衰退に対応し、"中興の祖"と言われた宮崎輝社長の強力なリーダーシップの下、旭化成は急速に多角化を進めた。まず、60年代に石油化学を進出、1973年のオイルショックに対応して高機能ケミカルを強化、80年代の半導体革命に対応してエレクトロニクス事業を展開、さらに日本経済の成熟化に対応して建材・住宅・医療といった分野にも進出している。

　とくに、宮崎が強力に推進した住宅事業は、当時のマイホーム・ブームを巧みに捉えた。まったくの非関連多角化だったことから、「だぼハゼだ」と批判を浴びたが、西ドイツのヘーベル社と技術提携して気泡コンクリートの成形技術を導入し、見事に中核事業へと成長させた。

　宮崎が新規事業の旗振りをしてから半世紀の歳月が流れ、現在の旭化成の事業展開はどうなっているか。最近の新規事業開発の様子を象徴する電子コンパス事業を紹介する。

　フィンランドのオウル市。日本から遠く離れた北欧の地にあるノキアの本社を、旭化成エレクトロニクスの担当者が訪れていた。世界最大の携帯電話メーカーに、電子コンパスを売り込むためだ。

　担当者は、模型の携帯電話機を手にノキアの購買担当者に説明を始めた。「この電子コンパスは、人の手のひらが地面に平行、垂直、あるいは斜めと、どんな角度であっても、常に正しい方角を示すことができます。携帯電話を水平にしなくても、正しい方角が得られます」

　購買担当者が興味を示し、「この機能の仕様書はありますか？」と尋ねると、担当者は答えた。「仕様書はありません。ですが、ご要望の使

用を実現するために、社内のチームが全力を挙げて対応します」

2008年に米アップルがiPhoneを発売して以降、スマートフォン（多機能携帯電話）市場が急拡大している。各種スマートフォンやＧＰＳ付携帯電話、あるいはカーナビに装備されているのが、電子コンパスである。電子コンパスは、世界中のどこでも方角を示し、地図ソフトと連携して目的地までの経路を示すことができる。この電子コンパスで、旭化成エレクトロニクスはシェア９割と、ほぼ市場を独占している。

電子コンパスは、90年代以降エレクトロニクス分野に事業領域を広げてきた旭化成グループ各社の技術の結集である。

旭化成電子は、民生用ホール素子で約７割の世界シェアを持つトップメーカーである。電子コンパスには、地磁気を検出する磁気センサーにホール素子を使い、携帯電話用としては世界で初めて、３軸の地磁気センサーを採用している。ホール素子が非常に小さなセンサーであることを生かし、Ｘ軸・Ｙ軸・Ｚ軸を組み合わせても高さ１mmという世界最薄・最小のセンサーになっている。

旭化成マイクロシステムは、デジタルオーディオや携帯電話用の信号処理IC（集積回路）で多くの実績を誇っている。ホール素子は決して感度の高いセンサーではないが、同社の優れたIC回路技術によって、センサー信号をきれいに増幅し、感度の低さを補っている。

旭化成エレクトロニクスの電子部品研究所は、方位を正しく求めるアルゴリズムの研究を深めていた。携帯電話を持つ人の自然な動きを元に妨害磁波の調整不要の情報処理アルゴリズムを開発し、特許を取得していた。

旭化成エレクトロニクスが中心になって、３社が持つ技術を有機的に結集することによって、画期的な事業が生まれたのである。

ただ、その過程は苦闘の連続であった。開発チームは、秋葉原で100円で購入してきた携帯電話のおもちゃをベースに試作品を作り、

> 国内携帯電話メーカーの反応を確かめ、顧客の意見を元に商品を作っていった。
> 　旭化成の今後の事業展開のキーワードとして「3次元」という表現がよく使われる。新技術の開発によって商品を投入するのを「1次元」とすると、既存の技術を応用した用途拡大が「2次元」である。ここまでがプロダクトアウト型のビジネスであるのに対し、「3次元」とは、旭化成が持っている複数の技術を融合させ、さらに市場の声を反映して新しい需要を生み出していこうというものである。マーケットインアウト型とでもいえようか。
> 　電子コンパスは、グループ各社が強みを持つ複数の要素技術を使い、製品構想を国内外の携帯電話機メーカーに持ち込んで、顧客の意見を元に製品化した。旭化成が目指す「3次元」の象徴的な事例といっていいだろう。

１ 内部資源による競争優位

（1）競争優位の源泉としての経営資源

　経営戦略を実行するには、人・モノ・カネ・情報といった経営資源を獲得し、活用する必要がある。経営戦略で成果を実現する上で、経営資源の量と質がカギになることはいうまでもない。

　ただし、1960年代に経営戦略論が確立されてからかなりの期間、経営資源は、策定した経営戦略を実行するために必要な「手段」という位置づけであった。経営資源をいかにタイムリーに、いかに安価に調達し、いかに効果的に活用するかは、経営戦略の後に続くオペレーションの課題であって、経営戦略の重要なテーマであるとは見なされなかった。

　こうした考え方が大きく変わったのは、1980年代以降、日本企業が世

界的に注目を集めるようになってからである。戦後復興と高度成長を経てグローバル市場の主要プレイヤーになった日本企業は、1970年代の二度のオイルショックに対応した合理化でさらに競争力を増し、諸外国の企業にとって大きな脅威になった。

　アメリカでは、1980年代以降、自動車や半導体などで日本との貿易摩擦が政治問題化したことを受け、大統領諮問会議、ハーバード大学、マサチューセッツ工科大学など官民挙げて日本企業の競争力の秘密を突き止めようと試みた。

　当時（そして今も）日本企業の経営戦略は、お世辞にも洗練されたものではなかった。大半の日本企業は現場重視で、本社戦略スタッフの陣容も権限も弱かった。したがって、綿密に環境分析し、長期計画を策定することには熱心でなかった。業界内で棲み分けるよりも、成長分野に多数の企業が殺到しガチンコの勝負を繰り広げた。戦略計画学派やポジショニング・ビューの学者から見て、「まったくわかってない」という状態であった。それにも関わらず、日本企業はアメリカ企業を圧倒したのである。

　ハーバード大学の報告書は、労働組合の経営協力、従業員の職務範囲の拡大やチーム制、ジョブローテーションなどを通じて、従業員を経営へ巻き込むことが日本企業の競争力の源泉だと指摘した。マサチューセッツ工科大学の報告書は、企業の部門間の連携と部門内の従業員間の連携が競争力に繋がっていると主張した。

　いずれの報告も、日本企業は、第3章で紹介したような外部の機会を捉える経営戦略に優れているというよりも、人材を中心にした内部の経営資源や組織能力を競争力の源泉としていることを明らかにしたのである。

(2) 能力の高い者が勝つ

　内部の経営資源や組織能力が注目されるようになったもう1つの背景は、第3章で紹介したポジショニング・ビューに対する批判である。ポジショニング・ビューは、特徴的なポジショニングを取ることが競争優位の

源泉であると主張する。しかし、実際にはこの考え方では説明がつかない事例をよく目にする。

　たとえば、ウサイン・ボルトが100メートル走の世界記録を持ち、人類最速の男であるという事実について、ポジショニング・ビューで説明することは不可能である。誰しも、ボルトが筋力・瞬発力といった身体能力、スタートや加速といったランニング・スキルに優れているからだと考えるはずだ。

　同様のことが、世界最大の自動車メーカーになったトヨタについてもいえる。たしかに豊田自動織機製作所が自動車という成長産業を選択した初期段階では、ポジショニングの要素があったのは事実だが、今日の自動車業界の中で日産自動車など他社よりも競争優位にあることをポジショニング・ビューでは説明しにくい。品質・燃費・環境などの技術、モノづくりの力、ディーラー網などマーケティング力といった内部的な要因が他社との差を作り出していると考えるのが常識的だろう。

　ポジショニング・ビューへのアンチテーゼとして、1980年代にRBVが台頭した。その基本発想は、簡単にいうと「企業が良い業績を上げるのは、競合他社よりも優れた資源や能力を持っているからだ」ということである。

　なお、1980年代以降、ハメルとプラハラドの「コア・コンピタンス経営」（1984）、伊丹敬之の「見えざる資産」（1984）、野中郁次郎の「知識創造」（1990）などが提起された。これらは、表現こそ微妙に異なるが、内部的な要因に注目するという点でRBVと似た内容を持つといえる。

（3）優れた経営資源・組織能力とは？

　優れた企業は優れた資源・能力を持っている。考えてみれば当たり前の話だが、優れた資源・能力とはどういう状態なのだろうか。

　まず、企業が保有する経営資源や組織能力は、すべてが経営の役に立つわけではない。経営資源・組織能力は次の3種類に分類できる。

①活用されておらず、不要な資源・能力（遊休資源）
②オペレーションの維持に必要な資源・能力
③事業の競争優位をもたらす資源・能力

　戦略計画学派が②を問題にしていたのに対し、RBV が注目するのは③である。
　バーニーらは、③の条件を **VRIO** というフレームワークで説明する。VRIO は、企業が持続的に競争優位を保つために必要な経営資源の要因を経済価値（Value）、希少性（Rarity）、模倣困難性（Imitability）と、それらを活用する組織（Organization）という４つの視点から評価分析する枠組みである。

- **Value**……その経営資源は、顧客のニーズ、業界の構造、技術動向などに照らして経済的価値をもたらすか。その資源を持つことで、脅威やリスクが低減したり、機会が増大したりするか。
- **Rarity**……ごく少数の企業しか所有していない希少な資源か。
- **Imitability**……競合他社が真似のできない資源か。類似の資源を獲得するために、技術開発・チャネル形成・ブランド構築などで莫大なコストがかかるか。
- **Organization**……経営資源を活用するために、組織的な方針や手続き、命令・報告系統、マネジメントシステムなどが整っているか。

（4）価値ある経営資源とは？

　VRIO の意味するところを少し詳しく見てみよう。
　経営資源が自社にとって価値があるかどうかを考えるに当たり、まず顧客から見て価値があるかどうかを検討する必要がある。
　ハーゲンダッツがアイスクリームを提供するには、原材料・レシピ・製造技術・製造設備といった経営資源が必要だ。それらの経営資源が自社に

とって価値があるのは、まず消費者がアイスクリームという製品に「おいしい！」「一味違う！」と価値を認めてくれて、その価値を実現するために経営資源が不可欠であるから、ということになる。自社にとっての価値を考える前提として、まず顧客価値が重要である。

ただ、顧客価値の実現に不可欠な経営資源であったとしても、自社にとって戦略的な価値があるかどうかとは別問題だ。おいしいアイスクリームを提供するためのレシピ・製造技術などをどの企業でも簡単に入手できるなら、各社が類似したおいしいアイスクリームを作ることができ、ハーゲンダッツの優位性は揺らいでしまう。

つまり、経営資源が戦略的に価値を持つのは、それが稀少で、自社（や限られた少数の企業）だけが保有・利用できて、他社が容易に利用できない場合である。したがって、自社の経営資源に希少性（Rarity）・模倣困難性（Imitability）があるかどうかが次の検討事項になる。

希少性というのは、比較的わかりやすいだろう。レシピがネット上で公開されていたり、高度な製造技術を持った職人を簡単に採用・育成できるなら、経営資源に希少性はない。レシピが門外不出になっていたり、職人がなかなかいなかったりすると、希少性がある。

技術・情報・情報を囲い込んだり、特許など権利化したりすることによって、企業は経営資源の希少性を高めることができる。

（5）模倣が困難になる状況

希少性と比べて、模倣困難性はややわかりにくい。希少ではない経営資源を他社が入手できないのは、どういう状況だろうか。業種などにもよるが、一般的に次のようなケースが考えられる。

まず、経営資源の構築に時間やコストがかかるというケースである。アイスクリームを作る職人を採用・育成するのに多大なコストが掛かるなら、多くの企業はそれを負担できない。ハーゲンダッツでは、ブランドや信用が重要な経営資源になっているが、これらは一朝一夕で形成できるもので

はない。形成には、数年あるいは数十年単位の長い期間を要するだろう。

　次に、他社から見て何が価値ある経営資源なのかわからないというケースがある。たとえば、ハーゲンダッツが他のアイスクリームよりも売れていることについて、味が良いのか、ブランド力が違うのか、プロモーションが当たったのか、原因がよくわからないということが考えられる。模倣者は、原因がわからなければ、なかなか有効な対策を打てない。

　さらに、模倣する企業の個別の事情によって、模倣が困難になるというケースがある。たとえば、新しいレシピ・新しい製造方法を模倣しようとしても、古いレシピ・古い製造方法に慣れた従業員を解雇できなかったり、古い商品を好む既存顧客の離反を懸念したりして、模倣に踏み切れないかもしれない。

（6）経営資源を組織に内在化させる

　経営資源が価値を差別的な価値をもたらすかどうかという点で、経営資源とそれを活用する組織の関係が重要な意味を持つ。

　仮にハーゲンダッツのアイスクリームの価値がおいしさで、レシピが一般に公開されているとしたら、他社も同じようにおいしいアイスクリームを作れるだろうか。ある程度似たものならば作れるだろうが、完全に同じ味を再現するのは難しいだろう。なぜなら、ハーゲンダッツ（だけでなくたいていのおいしい食べ物）には、レシピには表現できない微妙なノウハウがたくさんあるからだ。

　ハーゲンダッツは、他のアイスクリームよりもかなり硬い。これはおいしさを保つために、アイスクリームに含まれる空気の量（専門用語でオーバーラン）を減らしているためである。空気の含有量を減らすために、独自の方法でホイップ（原料をかき混ぜて、泡立てること）をしている。そして、工場・輸送中・店頭でも、マイナス１８度よりも温かくならないように温度管理している。温かくなると、やわらかくなり、食べやすくなるが、品質が劣化し始めるからだという。ハーゲンダッツのおいしさは、こうした

我々があまり知らないたくさんのノウハウによって実現している。

　ベッカーの**人的資本理論**によると、人材が持つ能力は、どの企業においても有用な一般能力とその企業でしか必要とされない**企業特殊能力**に分類できる。このうち、ＰＣの操作や語学のような一般能力は、オペレーションを遂行する上で必要だが、どの企業でも入手・活用できるので、戦略的な優位性の源泉にはならない。優位性の源泉となるのは、ハーゲンダッツのノウハウのような企業特殊能力の方である。

　企業特殊能力は、従業員が実際にその企業で働いて、長期間かけて身に付けるしかない。限られた従業員しか持たないので希少である。また、言語化するのが難しく、企業内部で他のノウハウや仕組み・マネジメントシステムなどと密接に関連しているので、他社は模倣することが難しい。

　つまり、組織の内部で形成され、組織運営の仕組みなどと密接に関連した経営資源は、希少性と模倣困難性が高いということになる。

2 組織能力の構築

（1）経営資源・組織能力を構築できるか？

　RBVに対しては、対立するポジショニング・ビューからだけでなく、さまざまな批判が寄せられている。

① 「アップルが勝ったのは、勝つために必要な経営資源を備えていたからだ」という説明は、結果論に過ぎない。あまりに常識的すぎて、学問として意味がないし、実務でも役に立たない。
② RBVの主張は、「経営資源に価値があるのは、経営資源が経営に価値をもたらしているからだ」というトートロジー（類語反復）になり、学問の体をなしていない。

ここでは、学問上の論争には立ち入らず、①についてRBVの考え方を実務にどう役立てていくかを見て行こう。経営資源・組織能力が企業の競争優位を大きく左右していることは間違いないが、実務で問題になるのは、そうした「結果」の分析ではなく、どうすれば優れた経営資源・組織能力を持つことができるのか、という「原因」を特定することである。

もしも、資源・能力が企業に所属する経営者・従業員にもともと備わっているものであるとか、市場で誰もが購入できるものだとしたら、RBVは優良企業の特徴を説明していても、どのように競争優位を構築するのか、という経営戦略の本来の問いかけに答えられないことになる。

結論的には、ハーゲンダッツのノウハウの例からも明らかなように、経営資源・組織能力は、"持って生まれたもの"ではなく、組織的な努力によって構築することができる。

経営資源・組織能力の構築について、日本の自動車産業を例に少し詳しく確認しよう。

戦前、GMなどアメリカのメーカーからの技術供与で立ち上がった日本の自動車産業は、戦後、ゼロに近い状態から半世紀以上の歳月をかけて世界一に上りつめた。その過程は、高品質のモノづくりを実現するための経営資源・組織能力を蓄積する営みであり、経営資源・組織能力を蓄積できること、それが競争優位につながることを典型的に表している。

(2) アーキテクチャ論

日本のメーカーの多くは、モノづくりに強いこだわりを持っている。しかし、改めて「モノづくりとは何か？」と問われると、意外と答えに窮する。また、「なぜ日本ではモノづくりが大切なのか？」と問われると、「日本はモノづくりの国だからだ」という無意味な回答をしてしまったりする。

こうした素朴な疑問に答え、日本の自動車メーカーがモノづくりという組織能力で優位に立った要因をうまく説明したのが、藤本隆宏らのアーキテクチャ論である。製品を構成するコア部品をどのように連結するか、と

いう点に関する基本コンセプトのことを**アーキテクチャ**という。

　モノづくりというと、旋盤を使って加工するような物理的な作業を想起するが、藤本らによると、設計情報を作り出す部分と設計情報を素材など媒体に転写する部分に分割することができる。

製品＝情報＋媒体

　その上で、製品アーキテクチャを大きくインテグラル型とモジュラー型の２種類に分類する。

- **モジュラー型**（modular、組み合わせ）……部品の性能やつなぎの部分（インターフェイス）の設計標準化により、既存設計部品の寄せ集めでもまともな新製品が作れるタイプの製品
- **インテグラル型**（integral、擦り合せ）……部品の性能やつなぎの部分が標準化されておらず、設計を相互に調整して最適化しないと全体として十分な機能を発揮しない製品

　モジュラー型の製品の代表がパソコン、インテグラル型の製品の代表が自動車である。

（3）自動車に必要なモノづくりの能力

　読者の中には、"パソコンおたく"というレベルでなくても、秋葉原やネットショップでメモリーや液晶画面などの部品を買って、設計図を見て自分でパソコンを製作した経験をお持ちの方が少なからずいるだろう。モジュラー型の製品は、設計情報を作り出すのは難しいが、その情報を媒体に転写して製品を作り出す作業は比較的容易である。

　それに対し、自動車は、１台当たり２～４万点にも及ぶ部品を使い、その８割以上がその車種でしか使われない特注部品である（近年、部品を共通化・標準化する動きが日産やフォルクスワーゲンなど一部に見られる

が)。したがって、設計情報を作り出すのもさることながら、多くの作業員が協力して部品同士の調整を掛けるという複雑な作業が要求される。

　洗練されたデザインを売り物にするヨーロッパの自動車メーカーと比較し、日本の自動車メーカーが強みを持つのは、まさに後半の設計情報を素材に転写し、高度な品質を実現する現場の作業である。この複雑な作業を効率的に行うには、現場の従業員は以下のような能力を備える必要がある。

①複雑な設計図や工程図を読み、作業に落とし込む理解力
②旋盤・塗装・切削といった基本技能、とくに小さな部品を扱う器用さ
③たくさんの従業員と共同作業を進めるコミュニケーション能力
④製造プロセスで発生する問題を分析し、解決する能力

　この中でもとくにカギを握るのは④である。自動車のような複雑な製品では、新車を導入（やモデルチェンジ）した直後から完璧な製造工程を構築・運用できるわけではない。また、構築し運用を始めた後でも、どうしても不良が発生する。製品・工程の設計の精度を高めることは重要だが、それだけでなく、発生する問題を見つけ出し、それを一つひとつ改善して品質を高めていく地道な取り組みが要求される。トヨタのカイゼンに代表されるこうした問題解決力を進化能力と呼ぶことができる。

(4) 製品と国の相性

　日本企業がモノづくりで自信を持っているのは、こうした現場の従業員の能力である。自動車メーカーだけでなく、日本の労働者は諸外国の労働者に比べてこうした能力で勝っている。自動車のようなインテグラル型の製品は、こうした能力を生かすことができ、日本企業にとって得意分野である。

　逆に、洗練されたデザインを生み出す設計能力は欧米企業に、簡単な作業を圧倒的な低コストで行う生産力は中国・台湾などの企業に見劣りする。

そのため、PCのようなモジュラー型の製品では、アップルのように斬新なデザインを作り出すアメリカ企業か、台湾のエイサーや中国のレノボのように低コストで生産できる新興国の企業が強い。日本企業は、設計能力も低コストの生産力も中途半端で、この分野では分が悪い。

つまり、一言でモノづくりといっても、国によって得意不得意という相性があるということになる。2000年代以降、新興国企業の台頭とともに日本の電機メーカーが凋落したのに対し、自動車メーカーが依然として競争力を維持しているのは、以上のアーキテクチャ論によって説明できよう。

（5）トヨタの能力構築のプロセス

日本の自動車メーカーは、どのようにしてモノづくりの能力を構築したのだろうか。

トヨタの場合、すでに創業者の豊田喜一郎が「量産効果に頼らず、少ない生産量でもフォード並みの生産性を実現する」ことを目指していた。その考えが生産システムとして確立されたきっかけは、戦後1948～49年の経営危機であった。

金融引き締めの影響で販売不振・過剰在庫に陥ったトヨタは、金融機関からの緊急融資、販売部門の分離、人員整理による経営再建を目指した。しかし、これが組合の反発を招いて大規模な労働争議に発展し、豊田喜一郎は辞任に追い込まれた。この時の苦い経験からトヨタは、長期安定雇用による労使協調と売れるものを売れるときに作る「限量生産」を志向するようになった。

「限量生産」は、1950年代後半に**カンバン方式**へと発展していった。カンバン方式は、後工程が作業に必要な部品を前工程に取りに行き、前工程はなくなった分だけを補充する仕組みで、余分な在庫を持たないジャストインタイム生産を実現することができる。カンバン方式は、余計な在庫・設備・人員を抱える余裕がない当時の状況で生産性を高めるために、大野

耐一らが考え抜いた産物である。

　カンバン方式だけでなく、一連のトヨタ生産方式には、1950年代以降、経営資源が乏しい状況でやむなく生み出されたものが多い。

　たとえば、欧米の自動車メーカーでは、それぞれの従業員が担当する作業が職務記述書（job description）に詳細に記述され、明確な分業が行われている。それに対しトヨタでは、労働者は基本的に多能工で、前後の工程を含めて、幅広い職務を担当している。

　決まりきった作業を繰り返すなら、明確な分業をした方が効率的だ。しかし、作業現場ではちょっとした調節、点検、やり直しなどが頻繁に発生するので、それをいちいち分業で対処すると連絡・調整・手持ち・移動などの手間・時間が掛かり、作業効率が悪化してしまう。自動車のような複雑な製品を扱い、イレギュラーな事態が発生しやすい作業では、多能工化した方が生産性が高まるのである。

　トヨタは、欧米の自動車メーカーの過剰な分業の問題点を認識して多能工を意図的に取り入れたわけではない。1950年代生産量が急増した一方、不況期にも人員削減をできないトヨタは、過剰人員を抱え込まないよう採用を抑制したため、人手不足が深刻化していた。こうした状況で何とか必要な生産をこなそうと工夫した結果、多能工という解決策が自然発生的に採られたという。

　他にも、部品メーカーから半分組み上がった機能部品を調達する「ユニット納入」や部品メーカーに部品の生産だけでなく設計まで任せる「承認図方式」は、生産量とモデル数が増加する状況で、トヨタ社内の人員では対応しきれないため、やむなく始まったと言われる。

（6）能力構築プロセスの特徴

　以上のトヨタ生産方式の考察から、モノづくりの組織能力を構築するプロセスについて、2つの特徴を指摘することができる。

　1つは、能力構築は事前に目標を定めて計画的に進められたわけではな

く、在庫・人を極限まで減らす必要に迫られ、意図せざる結果として偶発的に進化してきたことだ。悪く言えば「怪我の功名」、学問的に言うと創発プロセスである。

　もう1つは、能力構築に長い期間を要していることだ。トヨタでは、1948年の経営危機から10年経ってカンバン方式が開発され、さらに10年以上かけて定着・進化させ、1970年代に本格的にグローバルな競争力を発揮するようになった。創業から15年も経たないグーグルやフェイスブックが世界のトップに立ったITビジネスと比較すると、モノづくりの時間軸は非常に長く、悪くいうと緩慢である。

　おそらく、創発プロセスであるから、どうしても試行錯誤や無駄な努力が多くなり、長期間を要するのだろう。2つの特徴は因果関係にあるといえる。

　こうした長期に及ぶ創発プロセスには、メリットとデメリットがある。

　メリットは、自社ですら偶発的なプロセスを正確に把握できないので、まして他社はなかなか理解できず、模倣しにくいことである。また、長年働いた自社の従業員にノウハウが帰属するので、希少性が高まる。

　デメリットは、まず偶然に頼る部分が多いので、実際に能力構築が実現するかどうか不確実で、「やってみなければわからない」ことである。また、長期間の試行錯誤のため無駄なコストが発生し、目的に向かって一直線で進む場合と比べて高コストになる可能性がある。

　企業は、まず自社の進むべき方向とそこでの必要能力を明らかにし、こうしたメリットとデメリットを勘案して能力構築を進める必要がある。

③ 知識創造

(1) 偶発的なプロセスから意図的な能力構築へ

　藤本らのモノづくりの研究によって、トヨタなど日本の製造業が強い理

由はかなり解明された。しかし、依然として、「では、わが社はどうすれば良いのか？」という疑問が残る。長期に渡る偶発的なプロセスと言われると、多くの企業は「よしわが社もトヨタをまねて能力構築に励もう！」と考えにくいかもしれない。

　もちろん、トヨタもまったく風任せで組織能力を構築したわけではない。商品開発だけでなく、生産技術のような分野でも、研究所で先端的な研究を進め、研究の成果と現場の知恵を融合させる取り組みを続けている。

　1980年代後半から、企業の組織能力に注目が集まるようになると、組織能力を意図的・計画的に構築しようという企業での取り組み、学問的な研究が始まった。

　経営資源には、資金・設備・権利といった明確に認識できるものと知識・技術・ノウハウといった認識しにくいものがある。このうち、競争優位につながるのは、知識・ノウハウといった明確に認識できないものである。しかし、知識・ノウハウは、獲得するのに時間が掛かるし、なかなか計画的に進まない。知識・ノウハウを計画的に構築・活用する**ナレッジ・マネジメント**（Knowledge Management）の確立が、企業の重要課題になっている。

(2) SECIモデル

　知識の共有・活用によって優れた業績を挙げている"知識創造企業"がどのようにして組織的知識を生み出しているかを説明したのが、野中郁次郎らが示した**SECIモデル**である。

　野中らによると、知識には個人の経験・勘などに内在化し、文章・図表・数式などで表現できない**暗黙知**と表現できる**形式知**の2種類がある。SECIモデルは、S→E→C→Iというプロセスで、暗黙知と形式知を個人・集団・組織の間で相互に絶え間なく変換・移転することによって新たな知識が創造されると考える。

- **共同化(Socialization)**……共体験などによって、暗黙知を獲得・伝達するプロセス
- **表出化(Externalization)**……得られた暗黙知を共有できるよう形式知に変換するプロセス
- **連結化(Combination)**……形式知同士を組み合わせて新たな形式知を創造するプロセス
- **内面化(Internalization)**……利用可能となった形式知を基に、個人が実践を行い、その知識を体得するプロセス

図表4-1　SECIモデル

	暗黙知	形式知
暗黙知	共同化 Socialzation	表出化 Externalization
形式知	内面化 Internalzation	連結化 Combonation

(野中・竹内・梅本『知識創造企業』)

知識創造の出発点は個々人の体験に基づく暗黙知である。まず、OJTや手取り足取りの教育指導など、暗黙知のレベルで伝達・共有を進める(共同化、S)。

しかし、個人に帰属する暗黙知は、なかなか他者と共有しにくいので、

言語や図表、数式などによって形式知に変換する必要がある（表出化、E）。言語化によってコンセプトが明らかになり、本質の理解が進んでいく。

続いて、形式知となった知識を材料に、より体系的、総合的な知識を作り出していく（連結化、C）。他社・他部門の知識に刺激を受けて、新たな知が生まれたり、断片的な知識から総合的判断を行うといったことが行われる。個別のアイデアを総合して製品化することもこのステップに該当する。この段階では、グループウェアやナレッジベースなどのITを活用することが有効である。

体系化・総合化された形式知は、それそのものは単なるドキュメントやマニュアルである。これを真の意味で知として個人が身に付けるには、実践や体験を通じた身体知化が必要となる（内面化、I）。

このプロセスは、ワンウェイで終わりでなく、再び暗黙知となった個人の知識を共同化によって他人と共有していく、継続的なサイクルが想定されており、知識創造スパイラルと呼ばれる。

（3）知識創造の実際

ナレッジ・マネジメントが広く知られるようになり、SECIを意識して知識創造に取り組むる企業が増えている。とくに、1990年代後半以降ITブームを受けて、大規模なナレッジベースを構築する動きが広がっている。しかし、知識創造スパイラルの確立に成功した企業はそれほど多くない。

こうした中、SECIモデルを適用し、成果を上げているのが製薬大手のエーザイである。

エーザイは、ステークホルダーの中で患者を最重視し、「業務時間の1％を患者様とともに過ごす」というヒューマン・ヘルスケア（hhc）活動を推進している。そして、hhc活動で患者と過ごすことから得られた暗黙知を社内で展開し、新しい価値を生み出すことに取り組んでいる。

病院や介護施設などの現場に赴いた社員は、患者・介助者と過ごすこと

を通じて、医療現場での課題について考える。それを会社に持ち帰って、職場で議論し、課題を共有する。その課題に対して、他部門も巻き込みながら対応策を磨き上げて、一人ひとりが現場で実践する。

　こうしたプロセスを機能させるため、hhc活動を推進する専門組織「知創部」を設置するとともに、hhc活動の成果の人事評価への反映、成功事例などのイントラネットでの共有、優れた取り組みの表彰、組織内サーベイによる知識創造理論の浸透度の確認など、さまざまな工夫をしている。

　エーザイでは、hhc活動からさまざまなイノベーションが生み出されている。アルツハイマー型認知症の治療剤「アリセプト」について、介護施設を訪れていた研究員が、もともと錠剤が小さく飲みやすいはずのアリセプトを患者がさらに細かく砕いてご飯にかけて食べさせてもらっているのを目撃し、さらに飲みやすい口の中で解ける口腔内崩壊錠を開発した。また、液体剤の開発を担当していた研究員が認知症患者の多くが飲食物をうまく飲み込めないことを知り、介護施設を訪問して観察・検討を重ねた結果、水も飲んでいなかった患者がゼリーを飲み込んでいるのを目の当たりにし、ゼリー製剤を開発した。

（4）知識創造のサイクルを回すには

　知識創造を目指しても掛け声倒れに終わってしまう多くの企業とエーザイを比較すると、次のような留意点が見えてくる。

　第1に、組織として目指すべき方向性を明らかにし、知識創造がそれを実現する上で中核的な活動であると社内に明示することだ。企業の理念・ビジョンに合致しない活動は、どうしても一時的な試みに終わりやすい。

　第2に、情報共有の仕組みを作ることだ。知識創造は個々の従業員が単独で行うよりは、多くの従業員が共同作業をすることで大きな成果を得ることができる。ITを活用するかどうかはともかく、何らかの仕組み・仕掛けがないと、なかなか情報共有が進まない。

　第3に、評価・報償など、良い取り組みを促す仕組みを整えるべきだ。

現場の従業員はオペレーションを担っており、知識創造は追加業務である。知識創造に向けて自発的な活動を奨励する評価・報償などの仕組みがないと、知識創造は後回しになってしまう。

　こうした点に留意し、知識創造のサイクルを回すことによって、意図的・計画的に組織能力を高めていくことができる。なお、知識を生かしてイノベーションを起こす方法については、改めて第5章で具体策を検討する。

④ 競争戦略の選択と修正

(1) RBVを続けて良いのか？

　第3章では外部の機会に注目するポジショニング・ビューを、この章では、内部の強みに注目するRBVを紹介し、競争戦略のあり方について検討してきた。ここまで読んだ日本企業の経営者や経営企画部門担当者がはたと考えるのは、「いったいどっちに従って戦略を作れば良いのか？」「このままRBVを続けて良いのか？」という点であろう。

　第1章で確認した通り、日本企業はRBVの考え方で戦っている企業が多い。もともとRBVが日本企業の競争力を説明するために1980年代に生まれた経緯があるので、当然といえば当然かもしれない。ただ、それから40年近く経った今日も、RBVが優勢であることについては、疑問の声がある。

　よく「失われた二十年」と言われるように、1990年代初めのバブル崩壊後、メーカーを中心とした日本企業は、グローバル化・IT化・デジタル化といった環境変化に十分に対応できず、競争力を大幅に低下させた。電機など、不振というレベルを超えて存亡の危機に直面している業界が多い。

　一方、日本勢を圧倒したアップルやグーグルなどアメリカのIT企業やサムソンなどアジア新興国の企業は、環境変化を機会と捉えて機動的に行

動することによって、成長市場を取り込んでいる。また、日本でも例外的に成長性が高いのは、孫正義のソフトバンク、柳井正のファーストリテイリング、宮内義彦のオリックスなど、機会に注目し、強力な経営者の素早い戦略的行動を特徴とする企業である。

こうした事実から、1980年代に礼賛された日本的経営はいうに及ばず、RBVも有効性を失ったのではないか、日本企業はRBVからポジショニング・ビューに戦略を転換するべきではないか、という意見が勢いを増している。

(2) ポジショニング・ビューとRBVは二者択一ではない

この重大な論点を考えるに当たりまず確認しておかなければならないのは、ポジショニング・ビューとRBVは必ずしも二者択一ではないという点である。

ポジショニング・ビューというと、外部環境の変化だけを見て、鵜の目鷹の目でチャンスを伺う"狡猾な戦略"というイメージがある。しかし、ポーターらが選定したポジショニングに合致したバリューチェーンの構築の重要性を強調しているように、内部の経営資源やオペレーションにも大いに注目している。

一方、RBVには、内部の経営資源だけに目を向け、雨が降っても槍が降っても己の信じる道を突き進む"頑固一徹な戦略"というイメージがある。しかし、VRIOのValueは、市場や競合の環境に合致し、顧客に価値をもたらすことによって自社の競争上の価値が生まれることを想定しており、外部環境を無視しているわけではない。

つまり、ポジショニング・ビュー＝外部環境、RVB＝内部環境というイメージが定着しているが、実際にはどこに重点を置くか、どういう順序で戦略を考えるかという違いで、2つのアプローチが最終的に目指すところに大きな違いはない。

P14の図表1-6のように、2つのアプローチとも、最終的には「魅力

的な環境の中で自社の組織能力を生かせる事業を展開する」状態を目指している。ポジショニング・ビューはまず外部の機会に注目する、RBVはまず内部の強みに注目するという順序の違いで、ともに外部環境と内部環境をカバーしていることは理解しておきたい。

（3）知識創造のスピードアップ

　ポジショニング・ビューもRVBも最終的に同じ到達点を目指しているなら、RBVをベースにしている日本企業はそれほど大きく経営戦略を転換する必要はないという考えが成り立つ。実際、日本企業の経営者の間では、グローバル・スタンダードという外圧によって軌道修正を迫られることへの拒否反応もあって、「日本企業は日本なりのやり方に自信を持つべきだ」という主張が根強い。

　ただし、1980年代まで猛威を振るった日本企業が1990年代以降急速に勢いを失った事実を直視すると、日本流をまったく変える必要がないという結論にはならないはずだ。日本企業は、以下の2点について、日本流の是非を謙虚に振り返る必要がある。

　1つは、自社の能力構築の方向性が外部環境、とくに顧客ニーズと合致しているかどうかをチェックすることだ。日本人はまじめなので、いったん能力開発の目標が定まると、目標を絶対視し、顧客ニーズを忘れてひたすら能力構築にまい進する。薄型テレビの薄さ競争やデジタルカメラの画素競争などに象徴的に見るように、顧客ニーズを忘れた唯我独尊の能力構築になっていないかを冷静に振り返る必要がある。

　もう1つは、知識創造のサイクルをスピードアップさせることだ。先ほど確認した通り、組織能力の構築には数十年単位の長い期間を要するが、一方、近年、環境変化のスピードは加速している。事業を取り巻く環境が安定していることを前提にじっくり腰を据えてじっくり能力構築に取り組んでいる内に、環境が急変し、せっかく蓄えた能力が無駄になってしまうという事態が考えられる。構築した能力を実際に活用して競争優位の構築・

維持に役立てるためには、知識創造のサイクルを加速させ、時流に合った製品・サービスを展開する必要がある。

　一般論的には、高度成長期のように、変化の方向性がはっきりしている時には、じっくり腰を据えて能力構築に取り組むことができるので、RBVが有効だ。一方、変化のスピードが速く、しかも非連続に方向性が変わる現代は、機動的に変化を捉えることが重要なので、ポジショニング・ビューが有効だ。上記の2点に注意すればRBVでも問題はないので、RBVを放棄する必要はないのだが、RBVにとって好ましくない時代環境になっている現実を直視する必要はあるだろう。

ケースの解説

　旭化成の1960年代以降の発展は、宮崎輝社長の積極的な多角化戦略によって説明されることが多い。ただし、ケースで扱っている最近の電子コンパス事業は、往年の新規事業とはかなり異なる。宮崎時代の新規事業の代表例である住宅事業と電子コンパス事業を比較すると、以下のような違いが指摘できる。

①機会か、強みか。住宅事業は当時のマイホーム・ブームという機会を捉えたのに対し、電子コンパス事業は自社の技術的な強みを展開している。
②飛び地か、本業拡張か。住宅事業は当時主力だった繊維事業から見て飛び地型の新規事業であったのに対し、電子コンパス事業はエレクトロニクス事業という成長した新たな本業を拡張する新規事業である。
③トップダウンの計画か、ミドルアップの偶発か。住宅事業は宮崎社長の号令の下トップダウンで計画的に推進されたのに対し、電子コンパス事業は現場の知恵を集結させており、ミドルアップ・偶発的な側面が強い。
④外部調達か、内部調達か。住宅事業は、中核となる技術を独ヘーベル社から外部調達したのに対し、電子コンパス事業はグループ各社で内部調

達している。
⑤単独の技術か、組み合わせ技術か。住宅事業は、ヘーベルという単独の素材技術で成り立っているのに対し、電子コンパス事業は旭化成電子のホール素子技術、旭化成マイクロシステムのIC回路技術、旭化成エレクトロニクスのアルゴリズム技術を有機的に組み合わせている。

　全体に電子コンパス事業は、現在の旭化成の強みであるエレクトロニクス分野の経営資源を高度に活用した成功事例だと評価できる。単独の技術なら他社は容易に模倣できるが、組み合わせの技術だと、他社は簡単に技術を活用できず、模倣が困難になる。
　また電子コンパス事業は、旭化成グループが90年代以降エレクトロニクス分野に事業領域を広げてきた過程で蓄積された技術・ノウハウをさらに新しい分野に適用しており、ダイナミック・シナジーの事例ともいえる。

実践のチェックポイント

- 自社の経営資源を①活用されておらず、不要な資源・能力（遊休資源）、②オペレーションの維持に必要な資源・能力、③事業の競争優位をもたらす資源・能力の3つに分類せよ。
- ③について、VRIOの観点から、どのように競争優位につながっているのか、組織に内在化されて模倣が困難な状態なのか、などを分析せよ。
- 自社の中核的な組織能力がどのように構築されてきたのかを、過去にさかのぼって分析せよ。
- 自社では意図的・計画的に知識創造を進める活動ができているだろうか。できていないとすれば、SECIのどの部分がうまく行っていないだろうか。
- 自社の能力構築の方向性は、外部環境、とくに顧客ニーズと合致しているだろうか。知識創造のサイクルはスピーディに回っているか。

第5章

イノベーションの創造

　成長戦略で成長性を高める上でも、競争戦略で競争力・収益性を高める上でも、カギになるのがイノベーション（革新）である。この章では、経営戦略におけるイノベーションの役割を確認した上で、他社のイノベーションへの対処方法や自社でイノベーションを創り出す方法について検討する。

| ケース | **3Mのポストイット** |

　3M（スリーエム）のポストイットPost Itは1981年に発売され、今日では世界中の職場や家庭の必需品になっている。

　3Mの中央研究所である変った物質が作られたのは、1970年のことでだった。研究者のスペンサー・シルバーは、従来の接着剤よりも強力な、しっかりくっ付く接着剤の開発に没頭していた。しかし、ある日シルバーは、開発の過程でよくくっ付くのだが逆に簡単に剥がれてしまう接着剤をたまたま作り出してしまった。この新しい接着剤は、接着剤本来の商品価値からすると失敗作だったので、放置された。

　しかし、この不思議な失敗作が何かに利用できるのではないかと直感したシルバーは、他の研究所に回覧し、アドバイスを募った。

　これに反応したのがコマーシャル・テープ事業部で化学エンジニアをしていたアート・フライだ。フライは新物質を見て「これは何かに利用できる」と直感した。しかし具体的な用途は思いつかなかった。

　フライが天啓に導かれたのは、1974年のある日曜日のことだった。フライは、教会の聖歌隊のメンバーとして日曜日ごとに賛美歌を歌っていた。日曜日になる前にその日歌う予定の賛美歌集のページに前もって紙片を挟んでおくのが彼の習慣だった。しかし、この紙片のしおりは、1回目に歌うときには役立っても、2回目に歌うときには歌集から落ちてしまう。どうにかならないものかとフライは考えていた。その日、この紙片の代りに忘れかけていたシルバーの新接着剤を使うことを閃いたのだった。

　フライは、商品化するには、剥がしたときに紙片を痛めないようなしおりを作れば良いと着想し、スペンサーが発明した新物質を利用することを思い立った。そこで、業務時間の一部を使ってさっそく「剥がすことができるしおり」の開発に取り組んだ。こうして4年たって新物質は日の目をみることになった。こうした新発明品の見本は、3

Mの社内に広く配布されており、誰もが自由に活用できた。

　フライは賛美歌の歌集に挟み込むしおりの開発に取り組み、社内で配られていたスペンサーの接着剤を使って接着剤付き歌詞用しおりを作った。今日のポストイットの原型である。

　原型ができても、扱いにくい接着剤を適当な接着力を維持しながら紙に塗布するかが問題だった。製造技術者の手で製品化するのは難しいと考えたフライは、自分で解決方法を考え出さなければならなかった。３Ｍでは、アイデアの試作に可能な限りの施設が利用できるので、フライは就業後の時間も使って試作を続けた。

　フライは、繰り返し挑戦し、既存の製造設備では問題を解決できないと知った。フライは特殊な製造設備を自ら設計し、その製作を製造技術者に依頼したが、回答は否定的だった。半年くらい時間が掛かる上、投資予算を確保できないということだった。

　数年掛けて方策を探った末、フライは自らの手で製造設備を製作することにした。自室の地下室にこもって作業し、製造設備の原型を作り上げた。こうしてメモ用紙の試作品ができ上がった。

　フライは、さっそくこの試作品を販売部門の関係者に披露した。しかし「メモ用紙に金を払う人はいない」と否定的な反応だった。

　では市場の声を聞いてみようと、フライは市場調査を行った。しかし、市場調査の結果も否定的だった。消費者にとって新製品を実際に使う場面やメリットが想像しにくかったのだろう。

　試作品こそ完成したが、どういう用途があり、どういう売り方をすれば良いのか、社内でもまったく議論が進んでいなかった。

　弱り果てたフライは、窮余の一策として事務部門を中心に３Ｍ社内に試供品として配布した。一人１個ずつ配り、「必要ならまた差し上げます」として再使用率を記録した。

　このフライの行動から転機が生まれた。女性秘書たちがこの試作品の熱烈な使用者になったのだ。経営幹部のスケジュールや社内資料を

扱う秘書たちにとってこの試供品はたいへん便利だった。病み付きになるだけでなく、同僚にも使用を勧めた。3Mではかつてヒット商品「スコッチテープ」でも同様に社内の試供をしたが、今回の方が再使用率は高かった。

　感動した3Mの秘書たちが意外な行動に出た。関係のある大手企業の秘書たちに試供品を送ったのである。彼女たちは自分の判断で、自前で簡単な市場調査をしていた。社外の反応も上々だった。当時、フライはすでに半ばあきらめていた。

　こうして"貼り替え可能なメモ用紙"は商品として社内に認知され、プロジェクトチームが編成された。チームによって具体的な販売活動計画が作られた。秘書の経験から「使ってみなければ良さはわからない」と思い知らされていたチームは、これまでのような広告宣伝中心の販売活動ではなく、使用者となりそうなところに出かけて、試供品を配った。

　こうして何度かの試行錯誤を繰り返したテスト・マーケティングの後、3Mは1981年「ポストイット」と命名し、販売を開始した。

1　企業のイノベーション

(1)　ノベーションの役割

　企業が発展する上で**イノベーション**（innovation 革新）が重要な役割を果たす。

　この分野の先駆者である経済学者シュムペーターは、『経済発展の理論』の中で、経済発展は、人口増加や気候変動などの外的な要因よりも、イノベーションのような内的な要因が主要な役割を果たすと述べている。そして、いわゆる企業家が既存の価値を破壊して新しい価値を創造していくこ

とが経済成長の源泉だと指摘している。

　シュムペーターによると、イノベーションとは「新結合の遂行」であり、今までに存在しない新しい事がら全般を意味する。日本ではよく「技術革新」という訳語を当てるが、必ずしも技術的な領域である必要はない。

　ヤマト運輸の宅急便も、セコムのホームセキュリティも、トヨタのカンバン方式も、すべてイノベーションである。長期に渡って発展する優良企業では、画期的なイノベーションが事業の基盤になっていることが多い。

　こうした後世に語り継がれる象徴的な事例だけではない。客足が少なかった街のラーメン屋がスープの味を変えて繁盛店になったりするように、世界中の企業が絶えずイノベーションに取り組んでいる。

　日本では1980年代まで、イノベーションはあまり注目されていなかった。大量生産型の組み立て型製造業や大量の規格品を安価に流通させる大規模小売店舗が経済の主役だったので、他社と違う新しいことに取り組むよりも、他社と同じことをより効率的に行うことに重点が置かれた。

　しかし、1990年代以降、日本経済が成熟化し、他人との違いを求める高度な需要が拡大したこと、他社と同じことをより効率的に行うアジア企業が台頭してきたことなどから、イノベーションが強く求められるようになっている。

(2) 5つのイノベーション

　シュムペーターは、「新結合の遂行」の展開として、次の5つのイノベーションを指摘している。清涼飲料業界を例にとって、簡単に振り返っておこう。

①消費者の間でまだ知られていない財貨、あるいは新しい品質の財貨の生産
　ここで財貨とは、製品とサービスを意味する。コカコーラのような炭酸類か果汁系飲料が大半だった清涼飲料業界に、1968年世界初のスポーツドリンク「ゲータレード」が開発・導入された。ただし、こうしたまっ

たく新規なものだけでなく、従来は家庭で飲まれていたお茶を商品化したのも、イノベーションである。

②**新しい生産方法の導入**

サントリー食品のお茶「伊右衛門」は、非加熱無菌充填という新しい生産方法によって、急須で入れたお茶に近い味わいを実現し、差別化に成功している。

③**新しい販路・市場の開拓**

キリンビバレッジ・アサヒ飲料・サントリー食品など国内大手企業は、国内市場の成熟化に対応し、2000年以降中国などアジア市場の開拓を加速している。

④**原料あるいは半製品の新しい供給源の獲得**

かつて清涼飲料は、缶や瓶で提供されていたが、日本では1982年以降、ペットボトルが清涼飲料の容器として普及した。ペットボトルは容器という部品によって製品の付加価値が高まった事例といえる。

⑤**独占的地位の形成あるいは独占の打破(新しい組織の実現)**

コカコーラが1886年に創業以来、ほぼ独占市場だったコーラ市場に、ペプシコーラは1894年に参入した。1922年に砂糖相場が乱高下した影響でいったん倒産するが、再生し、1940年のラジオCMの空前のヒットをきっかけに急成長し、コカコーラの独占を打破することができた。

イノベーションというと、一般に①を、とくに科学技術的な新要素が加わった新製品を想起するが、その範囲は実に広いのである。

(3) プロダクト・イノベーションとプロセス・イノベーション

シュムペーターの分類と関連して、一般に**プロダクト・イノベーション**と**プロセス・イノベーション**に大別する。

プロダクト・イノベーションとは、これまで存在しない新しい製品あるいはサービスの市場への投入である。新しい製品あるいはサービスには、

機能・性能・設計・原材料・構成要素・用途を新しくしたものだけではなく、既存の技術を組み合わせたものや既存の製品あるいはサービスを技術的に高度化したものも含まれる。シュムペーターの分類では①がこれに該当する。

プロセス・イノベーションとは、既存の製品の生産工程や生産技術を改良したり、新工程を導入したりすることで、製造コストの低減や品質・性能の改善を実現することである。シュムペーターの分類では、狭義には②が、広義には②から⑤がこれに該当する。

わが国においては、革新的な技術を海外に求めるキャッチアップ型の経済成長を実現してきたことから、どちらかというとプロセス・イノベーションに強みを持つことが指摘されている。日本でプロセス・イノベーションが高度に発達していることを象徴するのが、第4章で紹介したトヨタ生産方式である。

ただ、経営環境が目まぐるしく変化する今日、新しい市場ニーズに対応する新製品・サービスが求められ、プロダクト・イノベーションへの期待が高まっている。日本企業は、プロセス・イノベーションの強みを維持しつつ、それに偏重せず、プロダクト・イノベーションの創造にも注力する必要がある。

(4) ドミナント・デザイン

ある製品・サービスの市場が生まれ、発展するには、プロダクト・イノベーションとプロセス・イノベーション両方が必要である。一般に、まず、プロダクト・イノベーションが生まれ、それにプロセス・イノベーションが伴い、製品が量産され、低価格化し、市場が開花する。

アバナシーによると、この過程を流動期、移行期、固定期という3段階に分けることができるという。図表5-1のように、プロダクト・イノベーションの発生率は登場初期が最も高く、移行期→固定期へと右下がりに低下していく。しかし、プロセス・イノベーションの発生率は、登場初期か

ら徐々に上昇し、移行期において頂点に達する。固定期には、イノベーションの余地が狭まっていく。

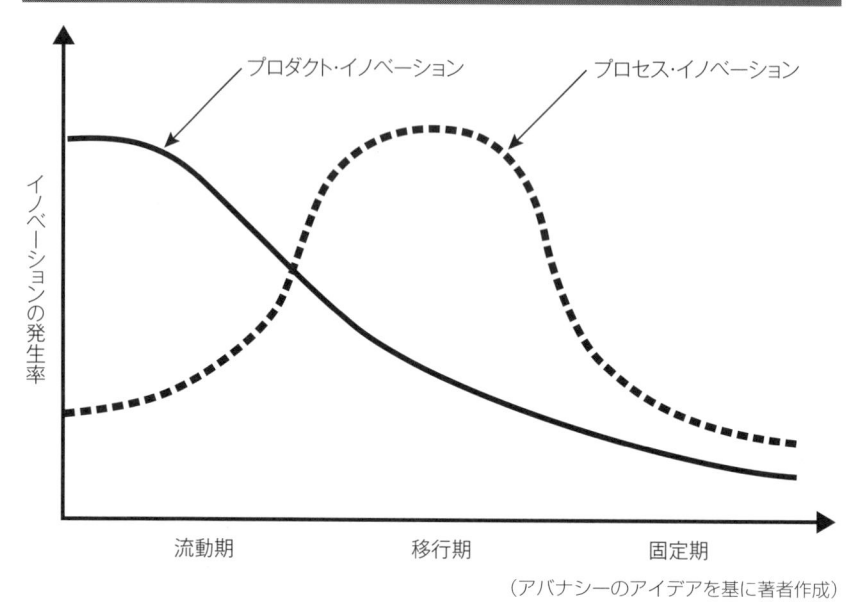

図表5-1　プロダクト・イノベーションとプロセス・イノベーション

（縦軸：イノベーションの発生率、横軸：流動期／移行期／固定期）

プロダクト・イノベーション　　プロセス・イノベーション

（アバナシーのアイデアを基に著者作成）

　流動期には、たくさんの種類の製品アイデアが生まれ、どれが主役の座を掴むのかわからない。既存製品と差別化されたプロダクト・イノベーションを生み出すことが重要である。

　やがて移行期になり、市場での普及が進むと、特定の製品アイデアが顧客の支持を集めるようになる。ある製品領域で主流となる標準化・固定化された製品デザインのことを**ドミナント・デザイン**という。この段階では、製品を標準化し、プロセス・イノベーションを促進し、低価格化することがポイントになる。

　最後に固定期になると、勝ち残ったドミナント・デザインが市場を支配するようになる。この段階では規格化された商品であるコモディティに近づ

く、**コモデティ化**が進行し、一段と低価格化が進む。

　自動車の場合、20世紀初頭までが流動期で、蒸気自動車を中心に、電気自動車・ガソリン自動車など色々なタイプの自動車が存在した。メーカー数もアメリカだけで数百を数えた。その中からフォードがフォードシステムというプロセス・イノベーションで低価格化し、市場を拡大・獲得し、ドミナント・デザインの地位を拡大した。1910年代からは固定期で、大きなイノベーションの生まれていない。なお、自動車は、インテグラル型のアーキテクチャによってコモデティ化は進んでいない（P106参照）。

(5) スラックか、ディストレスか？

　イノベーションをどう生み出すかについては後ほど詳述するとして、企業がイノベーションの創造に取り組む状況について確認しておこう。ここで、大きく2つの考え方がある。

　1つは、**スラック革新**（slack innovation）といわれるもので、企業は経営資源に余裕（スラック）があるとき、それを生かして革新を生み出すという考え方だ。シュンペーターも企業規模が大きく市場占有率の高い企業ほどイノベーションを活発に行うとする仮説を提示しており、シュムペーター仮説と呼ばれる。組織論でも、古くから組織を発展させる契機としてスラックの重要性が強調されてきた。

　トヨタがカローラなど大衆車の製造で磨いた技術、獲得した資金を生かして、高級車レクサスやHV車を開発するという具合だ。3Mがプラットフォームと呼ばれる技術の蓄積をベースに次々とイノベーションを生み出しているのもこの類型といえよう。

　しかし、余裕綽々の大企業がイノベーションの主役だというのは、必ずしもビジネスの実態に合っていないように思われる。7回起業に失敗していよいよ追い詰められていた森下篤史が厨房機器リサイクルのテンポスバスターズを起業して大成功したように、革新は徒手空拳の起業家や大組織でも辺境から生まれることが多い。マイクロソフトも、グーグルも、フェ

イスブックも、アマゾンも、最初は経営資源の乏しい個人起業家による大胆なリスクテイクであった。

そこで考えられるもう1つの仮説は、**ディストレス革新**（distress innovation、あるいは問題志向的革新 problem-oriented innovation）である。これは、スラック革新とは正反対に、「必要は発明の母」とか「火事場の馬鹿力」と言われるように、生存すら危ぶまれるような切迫した状況で革新が生まれるという考え方だ。

つまり、「新結合」は、スラック革新とディストレス革新という両極端な状況で生まれやすいということになる。この単純なモデルが正しいとすれば、日本企業でイノベーションが生まれないのは、スラック革新もディストレス革新もどちらも当てはまらない状況にあるといえよう。図表5－2でいうと、真ん中あたりである。

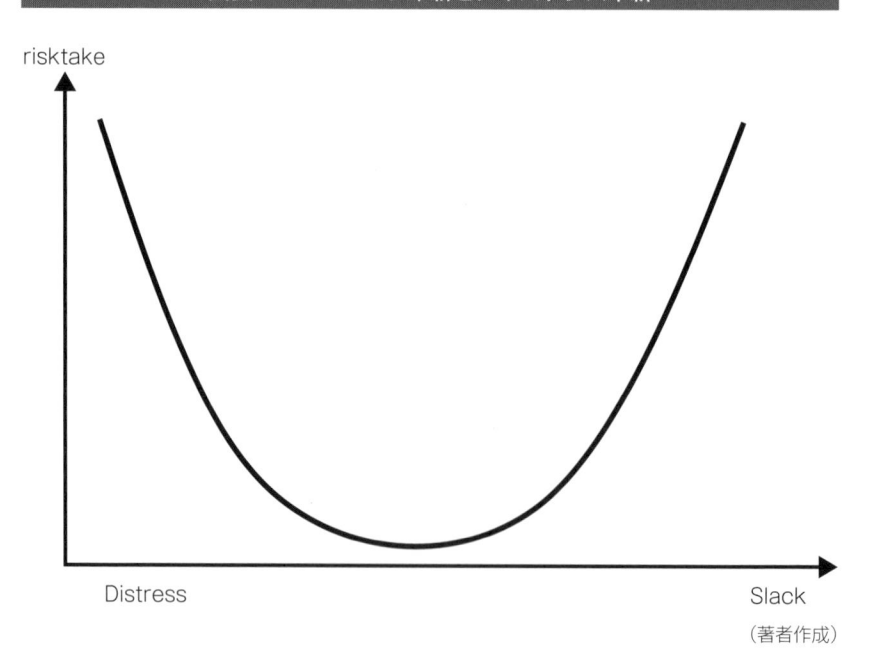

図表5-2　スラック革新とディストレス革新

（著者作成）

今日の日本企業は、バブル崩壊後の低迷、とくにこの15年間はデフレが深刻化し、余裕を失っている。リストラで身を縮めるのに懸命で、新しいことに挑戦する雰囲気ではない。では、破れかぶれに起死回生を狙うほど困っているかというと、そうでもない。過去の蓄積があるから、リストラで何とか生き長らえることはできる。こうした、余裕もないが、切迫もしていない中途半端な状況でリスクテイクに躊躇し、バブル崩壊以来かれこれ25年以上も費やしてしまったのが、日本企業の大きな問題であろう。

❷ イノベーションと競争条件の変化

(1) 抜本的か、漸進的か

　イノベーションは企業の発展に大きな影響を与えるが、他社との競争条件にはどのような変化を与えるのだろうか。

　イノベーションを漸進的なイノベーションと抜本的なイノベーションに分けることがある。競争条件に大きな変化を与えるのは抜本的なイノベーションで、漸進的なイノベーションはそれほど大きな影響を与えない。

　漸進的なイノベーションとは、その製品分野や事業分野で支配的な枠組みの中で、枠組みを維持・改善する形で少しずつ進化していくタイプの小粒なイノベーションである。たとえば、蒸気船において、エンジンを改良して、速度・燃費・環境負荷などを徐々に向上させていくような動きが漸進的なイノベーションである。

　一方、**抜本的なイノベーション**とは、既存の枠組みからはみ出し、既存の枠組みを否定するようなイノベーションである。たとえば、船舶において、18世紀終わりに、帆船に代わって蒸気船が生まれたのは、抜本的なイノベーションである。

　数として圧倒的に多いのは、漸進的なイノベーションの方である。しかし、業界の競争条件を大きく変えたり、世の中をガラッと変えるのは、抜

本的なイノベーションの方である。もちろん、そう頻繁に世の中がガラッと変わるわけではないので、抜本的なイノベーションの数は少なく、人々が忘れた頃にたまに出現する具合である。

(2) 破壊的技術と持続的技術

　抜本的なイノベーションというと、iPS細胞のようなノーベル賞級の発明であるとか、従来型携帯に対するスマートフォンのような高機能の製品を作り出すことだと考えがちだ。従来の製品を上回る高機能を売り物にする抜本的イノベーションが世の中を一変させた事例は多い。

　しかし、意外と多いのが、低機能で、製品としては不完全なイノベーションである。クリステンセンは『イノベーションのジレンマ』で、従来の価値基準の下では従来製品よりも性能を低下させてしまうが、新しい異なる価値基準の下ではいくつかの優れた特長を持つ新しい技術のことを**破壊的技術**と呼んだ。

　一方、クリステンセンは、主流市場の主要顧客が評価する性能指標、すなわち従来の価値基準の下で性能を向上させる新技術のことを**持続的技術**と呼んだ（これは、先ほどの漸進的イノベーションとほぼ同じ意味である）。クリステンセンによると、最初はあまり注目されなかった破壊的技術が普及し、やがて持続的技術を駆逐することがあるという。

　出版の世界では、1980年代まで、熟練の職工が活字を一つずつ組んでいく手動写植やそれを電子化した電子組版などの作業方法が一般的であった。この従来システムでは、高品質の印刷物ができる一方、写植や専門機器についての高度な知識が必要だった。これに対し、1985年アメリカで、パーソナル・コンピューター上で簡単に版組を処理できるデスクトップ・パブリッシングシステム（DTP）が開発された。

　初期のDTPは、ソフト・フォント・出力環境などに課題が多く、機能・品質でハイエンドのプロフェッショナルシステムに劣り、普及するかどうか疑われていた。しかし、大掛かりな印刷機器がなく、熟練工がいない零

細事業者や個人にとって、DTPは出版業での事業展開や参入を容易にした。こうして、ローエンドの市場からDTPの市場規模は次第に拡大していった。

1980年代後半から90年代にかけて、パーソナル・コンピューターが急速に高性能化・小型化・低価格化した。それにつれて、DTPは高機能化・低価格化し、従来システムを機能・コストで圧倒するようになった。こうして、1990年代半ば以降、従来システムは姿を消し、DTPがハイエンド市場も含めて市場を支配するようになっている。

手動写植や電子組版は持続的技術である。DTPは、不完全・低コストの技術でローエンド市場を捉え、やがて性能を上げて持続的技術を圧倒した点で、典型的な破壊的技術だといえよう。

なお、破壊的技術には、DTPのように、従来の主流技術とは次元の異なる新しい価値を作り出す「新市場型」と、高度な主流技術では過度にニーズを満たされた顧客を低価格で攻略する「ローエンド型」がある。

(3) イノベーションのジレンマ

破壊的技術は、不完全かつ低機能であっても、価格が安かったり、特定の用途には便利だったりして、一部の利用者の支持を獲得する。当然、技術的に高度な主流の製品を扱う大企業は、破壊的技術に対応しようとするのだが、クリステンセンによると次の5つの理由から、なかなか迅速な対応を取れない。

①企業は顧客と投資家に資源を依存している。大企業では、既存の顧客や短期的利益を求める株主の意向を優先することを迫られる。とくに、ローエンド型に対しては、利益率が低下することが問題になる。
②小規模な市場では大企業の成長ニーズを満たせない。イノベーションの初期段階では、市場規模が小さく、大企業にとっては参入する価値がないように見える。

③存在しない市場は分析できない。イノベーションの初期段階では、不確実性が高く、現存する市場と比較すると、参入の価値がないように見える。
④組織の能力は無能力の決定的要因になる。既存事業を営むための能力が高まることで、異なる事業が行えなくなる。
⑤技術の供給は市場の需要と等しいとは限らない。既存技術を高めることと、それに需要があることは関係がない。

以上から、持続的技術を担う大企業は、顧客の声を無視するなど怠惰な経営をして失敗するのではなく、顧客の声に真摯に耳を傾ける"良い経営"をするがために失敗するのだという。この大企業にとって悩ましい状況をクリステンセンは「ジレンマ」と呼んだ。

(4) 破壊的イノベーションへの対応

破壊的イノベーションを生み出す方法については後ほど考察するとして、ここでは破壊的イノベーションに対応する方法を検討しよう。

近年、日本では、諸外国の企業の破壊的イノベーション、とくに新興国企業のローエンド型の破壊的技術によって守勢に立たされている業界が多い。破壊的イノベーションにどう対応するかは、喫緊の経営課題であろう。

当のクリステンセンは、次作『イノベーションへの解』の中で、以下の4段階の行動を提唱している。

①既存組織から離れた小規模の独立組織に任せる
②破壊に責任を持つ上級役員を選び任せる
③新技術が必要になる前になるべく早く行動開始する
④部隊を訓練して破壊的アイデアを発見させ、開発に集中させる

ただし、これらが破壊的技術に対抗する「解」になっているかどうかは、

はなはだ疑問である。上記の対応を着実に実践して衰退を免れた既存大企業の事例は、それほど多くないからだ。クリステンセン自身が第1作『イノベーションのジレンマ』で例示している通り、上記の対応を取れず没落した企業ばかりが目立つ。

　米ゼロックスは、1959年に世界初の普通紙コピー機Xerox914を発売し、1960年代に市場をほぼ独占した。色映りや複写スピードを上げるなど性能・品質を上げるとともに、500以上の特許で普通紙コピー技術を保護した。

　このゼロックスの持続的技術に挑んだのが日本のキヤノンだった。キヤノンはゼロックスの特許に抵触しないよう技術開発を進め、低価格のコピー機を開発して1968年に市場参入した。当初は低性能・低価格だったが、短期間で性能を上げ、逆に500の特許を登録した。さらに、1970年代以降、高性能化と小型化を推進したキヤノンは、ゼロックスを圧倒するようになった。

　1970年の時点で9割以上のシェアと500以上の特許で盤石と思われたゼロックスは、キヤノンという破壊的参入者に対して有効な対策を採れなかった。1980年代以降、Document Companyとしてソリューションビジネスに活路を求めたが、時すでに遅く、キヤノンら日本勢に主役の座を譲ったのである。

　このゼロックスの例に見るように、大企業がクリステンセンの勧める①から④に取り組むことは少ない。なぜなら、①から④の対応は、はっきりと脅威を感じた時に採る戦略である。①から④の対策を採ればよかったと後講釈するのは容易だが、まさにクリステンセンが指摘したように、破壊的技術の脅威を認識するのは本質的に難しいのだ。

　むしろ、破壊的技術で攻めてくるライバルの影響が明らかになったところで、M&Aや戦略提携などによって取り込む戦略の方が、破壊的技術の影響を抑える効果が大きく、成功例も多いのではないだろうか。

③ イノベーションを創り出す

(1) リニアモデル

　イノベーションが企業の盛衰を決めることから、近年、メーカーだけでなくあらゆる業種の企業がイノベーションの創出に取り組んでいる。

　イノベーションの創出について従来支配的だったのは、科学技術知識がイノベーションの出発点だという考え方である。つまり、図表5-3のように、イノベーションを興すには、まず「研究」を行い、そこで生まれた科学技術知識を応用して新製品開発につなげ、最終的に市場に出すという、「研究」→「開発」→「設計」→「製造」→「販売」という流れである。こうした直線的なイノベーション創出プロセスを**リニアモデル**（linear model）と呼ぶ。

図表5-3　リニアモデル

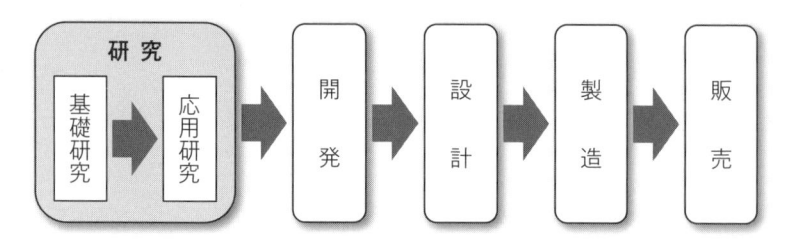

研究（基礎研究→応用研究）→ 開発 → 設計 → 製造 → 販売

（著者作成）

　日本では、1960年代と1980年代、市場の成熟化に対応して新製品を立ち上げるため、大企業がこぞって中央技術研究所（中研）を設置し、いわゆる「中研ブーム」が2度に渡って起きた。それ以来今日に至るまで、中研を核にイノベーションに取り組んでいる企業は非常に多い。かつてソニーには、創業者・盛田昭夫による「Research makes difference.」（研究が違いを生む）というスローガンがあったように、リニアモデルはイノ

第5章 イノベーションの創造

ベーション創出の支配的な考え方である。

しかし、中研に対しては、当初から「金が掛かる割に成果が少ない」「どういう活動をしているのか、中身が見えにくい」といった批判があった。漸進的イノベーション（あるいは持続的イノベーション）を生み出す上では一定の役割を果たしているが、抜本的イノベーションはなかなか生まれないという不満が、経営陣や中研以外の他部門には根強いようである。

(2) 連鎖モデル

日本が第2次中研ブームに沸いていた1980年代半ば、アメリカではリニアモデルの限界が本格的に議論されるようになった。クラインは

図表5-4　連鎖モデル

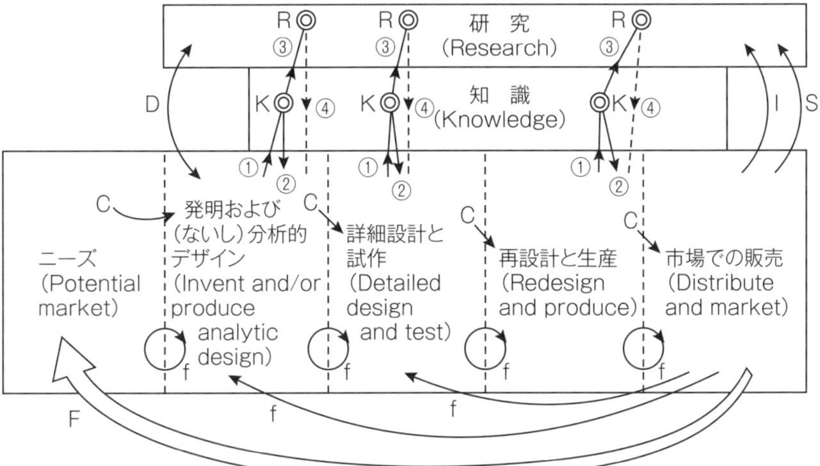

記号：C＝イノベーションの中心的な連鎖
　　　f＝フィードバックのループ
　　　K-R＝知識と研究との間の連結・既存の知識だけで問題解決ができれば、KからRへの連結③は不必要。研究からの帰りの連結④は問題にそくしたものになる。
　　　D＝研究と発明および分析的デザインとの間の連結
　　　I＝設備、機械、用具および技術的手段による研究サポート
　　　S＝市場での情報を直接に獲得し、外部での仕事をモニターすることによる当該科学分野における研究のサポート

（出所）Stephen J. Kline & Nathan Rosenberg. "An Overview of Innovation." Ralph Landam and Nathan Rosenberg eds., *The Positive Sum Straregy*. National Academy Press. Washington, D. C., 1986, p.290

1985年、イノベーションが研究から始まり開発へと進むというリニアモデルを否定し、イノベーションの出発点は「市場発見」であるとする**連鎖モデル**（chain-linked model、別名クラインモデル）を発表した。

クラインは、科学知識を蓄積するプロセスとイノベーション創出のプロセスは別物であり、イノベーションの出発点は、市場発見（market finding）にあると考えた。図表5-3のように、「ニーズ」→「発明および分析的デザイン」→「詳細設計と試作」→「再設計と生産」→「市場での販売」というプロセスがフィードバックを繰り返しながら連鎖的に関連し、科学技術知識の生成プロセスと密接に連携するというものである。

近年アメリカでは、連鎖モデルの考え方を研究開発のマネジメントに取り入れる企業が増えている。たとえば、GEの本社研究センターでは、リニアモデルからの脱却を唱え、研究開発に入る前に、マーケティング、開発、ビジネス、マネジメントなど、関係するすべての部門が十分話し合うラウンドテーブル方式に切り替えたという。

(3) 市場プルか、技術プッシュか

クラインは、連鎖モデルを推奨し、市場から洞察を得て見つけ出した製品コンセプトを追求していくという**市場プル**（market pull）の方が、技術開発を先行させる**技術プッシュ**（technology push）よりはるかにイノベーションの成功確率が高いと主張している。

しかし、これは大いに議論が割れるところだ。

まず世の中の実態に目を向けると、市場プルにも技術プッシュにも成功事例があり、優劣を付け難い。たとえば、同じ日本の製薬業界でも、P113で紹介したエーザイや「熱さまシート」など消費者のニーズを巧みに捉えてヒットを飛ばす小林製薬のように市場プルで成功している企業もあれば、武田薬品工業やアステラス製薬のように、大規模な中研を持ち、技術プッシュで成功している企業もある。

説得力のある実証研究は見当たらないが、おそらく、数字の上での成功

確率は、クラインが主張するように技術プッシュよりも市場プルの方が高いだろう。実際にニーズが世の中に存在するわけだから、市場プルで生まれたイノベーションが市場に拒否されるという事態は少ないはずだ。一方、技術プッシュで生まれたイノベーションは、市場ニーズに合致せず、市場に受け入れられない可能性があり、成功確率は低いに違いない。

しかし、市場ニーズというのは、すでにこの世に存在するものだから、まだ存在せず、これから広がる未来のニーズを捉えるのは難しい。iPS細胞のような世の中を一変させる抜本的イノベーションは、市場プルではなかなか生まれず、基本的には技術プッシュによって生まれる、ということになるのではないか。

つまり、市場プルと技術プッシュはどちらが優れているかいう話しではなく、どういうタイプのイノベーションを目指すのかによって使い分けるべきものだろう。小さくても確実に成功を積み上げていくようなイノベーションを目指すなら市場プルが有効だ。一方、成功確率は低くても、一発逆転的な大成功を目指すなら技術プッシュが適している。

現実には、大企業だと両方に取り組む場合が多い。ただ、何気なく両方に取り組むのではなく、明確な意図を持ち、目標に応じて重点化をすることが大切だ。

（4）「新結合」という原点

こうした議論を経て、近年、シュムペーターが提唱したイノベーションの原点に立ち返ることが強調されるようになっている。

研究が先か、市場ニーズが先か、というのは、たしかに重要な論点に違いない。しかし、それよりも考えるべきは、シュムペーターのいう「新結合」が起こるのはどういう状態か、という点であろう。また、「新結合」の出発点が研究であれ、市場ニーズであれ、出発した後のプロセスでも、イノベーション創出の障害となることはたくさんある。

イノベーションというと、ゼロから何かを生み出すことを想像しがちだ

が、シュムペーターの定義によると、既存の経営資源を組み替えて新しい結合を作り出すことである。漸進的なイノベーションだけでなく、歴史に名を留める抜本的なイノベーションでも、ほぼこの事実が当てはまる。とすると、イノベーションを生み出すには、次の3つの連続する手続きが必要になる。

①知識・情報など経営資源を蓄積する
②経営資源を組み合わせ、アイデアを生み出す
③アイデアから新しい製品・サービスなどを作り出す

　この3つの作業を適切に進めることができれば、イノベーションが生まれるということになる。それぞれの作業について、留意点を見て行こう。

(5) 知識・情報の量を増やす

　イノベーションの出発点は、①経営資源の蓄積である。経営資源にはヒト・モノ・カネなどがあるが、イノベーションと直接関係するのは、知識・情報、またそれらを創造し、保有するヒトである。
　知識・情報を蓄積する上で重要なのは、量と質の両面を意識することだ。よく、世間では「役に立たないガラクタ情報ばかり集めても仕方ない。量より質だ」と言われる。しかし、「量が質を凌駕する」と言われるように、量も大切である。
　たしかに、すべての知識・情報が役立つわけではなく、イノベーションに結実するのはひと握りの質の高い知識・情報である。少量の質の高い情報を集めてイノベーションを生み出すことができれば、最高に効率が良い。しかし、イノベーションは不確実であり、どの知識・情報が最終的にイノベーションに結びつくか、事前に予測することは困難である。役に立つ知識・情報がわからない以上、イノベーションの絶対数を増やすには、量を増やす必要がある。

しかも、知識・情報には、弁証法の**量質転化の法則**、つまり量をこなすと質が高まるという法則が働くことが確認されている。スポーツでも、語学でも、訓練量がある程度のレベルを超えると、コツを掴んで習熟の度合いがワンランク上がったという経験があるだろう。ビジネスでも同様だ。ネット接続が従量制だった初期のネットビジネスはあまり進化しなかったが、定額制になるとネットビジネスの利用頻度が増えただけでなく、色々なタイプのネットビジネスが現れ、品揃えや操作の利便性など質も大きく進化した。

(6) 異質性・多様性を高める

一方、知識・情報の"質"について大切なのは、逆説的な言い方になるが、「質を高めよう」と意識し過ぎないことだ。

われわれは最終的にイノベーションに結実した一握りの知識・情報のことを「質が高かった」と評価し、役に立たなかった大半の知識・情報を「質が低かった」と考えがちだ。しかし、これは結果論であって、知識・情報を収集し、蓄積する初期段階では、どの知識・情報が成果と結び付くのかはわからないから、質の高い情報だけを効率的に集めようとするのは困難である。「量が質を高める」のだから、最終的な成果を意識し過ぎて「質の低い情報」を排除するよりも、まず量を増やすことを考えるべきだ。

ただし、闇雲に知識・情報の量を増やせば良いというわけではない。たとえば、オムロンなら「センサーとオートメーションの融合領域」という具合に、企業によっては、知識・情報を収集する領域・テーマがある程度決まっている。そういう場合、領域・テーマから外れた知識・情報を手当たり次第に集めるのではなく、領域・テーマの周辺で収集すると良いだろう。

また、新しく獲得する知識・情報が既存のものと異質で、全体として多様性を実現することは大切だ。シュムペーターが「馬車を何台つなげても汽車にはならない」という名言を残しているように、同質の情報をいくら積み上げても、そこからイノベーションは生まれない。質的に多様な情報

が結合することによってイノベーションが生まれる。

メーカーでは、保有する技術的な知識・情報を要素別・組織別などに分類した**技術マップ**を作成し、共有している場合が多いだろう。とくに、産学連携のように組織横断的にイノベーションに取り組む場合には、こうした「見える化」は有効である。そのときただマップ化することで終わらず、保有する知識・情報が異質性・多様性があるかどうかをチェックすることが大切だ。

(7) 誰が知識・情報を蓄積するか

経営資源の蓄積でもう1つ重要な検討事項として、誰が蓄積するのか、という主体の問題がある。

1980年代までの工業社会の主役だった組み立て型製造業にとって、経営資源の中でも、大量生産を行う大規模な設備（モノ）とそれを導入するための資金（カネ）が決定的に重要だった。まさに資本主義である。経営資源を蓄積する主体は、資金を調達し、設備を保有する企業であった。

ところが、イノベーションが重要な意味を持つ知識社会・情報社会では、イノベーションと直結する知識・情報を誰が蓄積するかが問題になる。企業が知識・情報をデータベース化・権利化して保有する場合もあるが、イノベーションと直結する質の高い情報は、意外と個人が属人的に保有している場合が多い。

つまり、現代企業では、最重要な経営資源である知識・情報を個人と会社が保有するという複雑な状況になっており、色々とやっかいな問題が生じている。

まず、知識・情報の権利帰属が問題になる。青色LEDの量産方法を発明した中村修二が元勤務先の日亜化学工業と特許の譲渡対価を巡って法廷で争ったのは記憶に新しい。この事例では、特許の譲渡対価の多寡が問題になったにすぎないが、より一般的に問題なのは、知識・情報が権利化されておらず、帰属がはっきりしない場合である。

権利化・帰属の明確化がされていないと、知識・情報を持つ従業員が退職して、企業が活用できなくなってしまうことがある。高度なノウハウを持った団塊の世代の技術者が退職し、ノウハウがうまく次世代に伝承されないという事態が多くの企業で発生した。

また、従業員が退職しなくても、属人化して組織的に共有されない状態になると、有効なイノベーションが起こりにくくなる。天才的な従業員が単独でイノベーションを生み出すことはまれで、たいていの場合、複数の関係者が協働でイノベーションを起こす。イノベーションを生むには、知識・情報を見える化し、関係者間で共有することが大切だ。

(8) 場を作る

知識・情報の共有を促進するには、何らかの「場」を作ると良いだろう。何の条件もなく、ただ「色々な人と交わって積極的に情報共有しましょう！」と言われても、何をどうして良いかわからず、なかなか共有が進まない。これに対し、メンバー・場所・共通目的など条件のある場があると、共有が活発に行われるようになる。

場には、色々なタイプがある。代表的なものを紹介しよう。

①社内の公式な場。日産のクロスファンクショナル・チームは、経営改革のためのタスクフォースであると同時に、部門間の情報共有の場としても機能した（P156参照）。
②社内の非公式な場。職場を離れて有志が集まるオフサイトミーティングなどインフォーマル（非公式）な集まりが自然発生的に行われることがある。タバコ部屋や終業後の居酒屋は、最もインフォーマルな場といえよう。
③協力会社・仕入先などとの共同プロジェクト。トヨタなど自動車メーカーは、新車種の開発やモデルチェンジにおいて、コンセプト決定の初期段階から系列部品メーカーと協働している。

④顧客と協働する場。冷凍機器の前川製作所では、営業担当者が顧客と情報交換する場を作り、顧客の利用状況や不満をくみ取って、共同で新製品の開発を進めている。
⑤クラスター(産業集積)。ITのシリコンバレーやオタクの秋葉原のように、特定の産業の集積が形成されると、人材・情報が集まり、相乗的に発展することがある。
⑥バーチャル・チーム。Wikipediaがネット上で世界中の協力者によって編集されている事例に代表されるように、ITプラットフォームを利用した仮想のチームによる生産活動が近年広がっている。

　場には公式なものと非公式(インフォーマル)なものがあり、近年インフォーマルな場の効果が指摘されるようになっている。イノベーションの本質からすると、多数が参加して自由に発想する方が独創的なアイデアが生まれやすい。
　ただし、タバコ部屋や居酒屋で議論が盛り上がっても、その場を離れたら何も残らないことが圧倒的に多いように、インフォーマルな場では良いアイデアが生まれても、なかなか商品などに結びつかない。そこで、場の議論を活性化させ、アイデアを具現化する活動を促進させる**ファシリテーター**(facilitater)の役割が重要になってくる。適切なファシリテーターが場の中心に存在し、主体的に活動するとき、場が有効に機能する。

(9) デスバレーの克服

　知識・情報が集積され、色々な組み合わせを試みても、それだけではイノベーションは生まれない。新しいアイデアを生み出した後、それを実際の製品・サービスに結びつける最後の段階が難しい。①経営資源の蓄積、②アイデアの創出から、③製品・サービスの創出へとスムーズに進まず、せっかく投入した経営資源や生み出したアイデアが無駄になってしまうケースをよく見受ける。

アイデアの創造と製品・サービスの創出の間に横たわる壁について、アメリカでは1998年に**デスバレー**（valley of death、死の谷）という考え方が提起された。先端技術の基礎研究には国などの支援があり、商品化の段階では民間の資金が流入しやすい。それに対し、中間にある応用開発の段階には支援が得られにくく、ここで先端技術の事業化・製品化が頓挫してしまうケースが多い。この死に至る中間段階をデスバレーと呼んだ（図表5-5）。

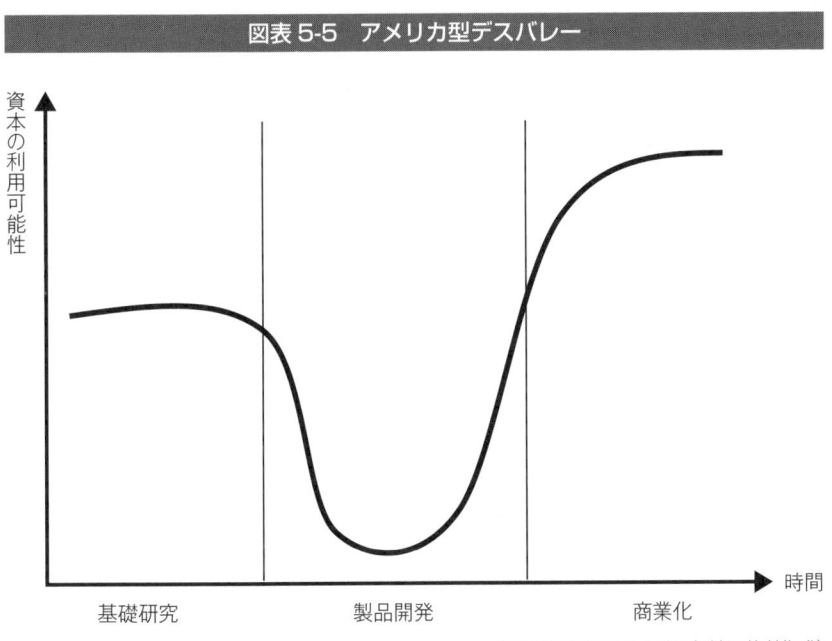

図表5-5　アメリカ型デスバレー

縦軸：資本の利用可能性　横軸：時間（基礎研究／製品開発／商業化）

（米国商務省のアイデアを基に著者作成）

なお、デスバレーと似た概念にマーケティング論における**キャズム**（chasm）がある。デスバレーが技術を商品化するプロセスでの危険地帯を論じているのに対し、キャズムは出来上がった商品が市場に普及するプロセスで普及率が16％を超えられるかどうかという溝（キャズム）が存在することを示しており、議論の対象が異なる。

デスバレーを避けるには、応用段階に入ってからも切れ目なく資金を投

入する必要がある。しかし、あれもこれもとすべてのアイデア・技術に資金を投入することは難しいので、有望な製品・サービスを選び出す目利きが重要になる。適切な目利きを行うには、技術と市場の両方がわかる人材を育成する必要がある。

　資金的な支援があれば、デスバレーを避けることができるとは限らない。もっぱら資金不足が問題とされたアメリカと違い、日本では資金不足以外の理由により、優れた技術・アイデアをイノベーションにつなげることができない状況がよく見られ、「日本型デスバレー」と呼ばれる。

　日本型デスバレーの要因としては、①ビジョンやコンセプトを市場に受け入れられる形で表現する能力の不足、②組織内における開発・生産・営業など部門間連携の不足、③リーダーシップの不足、などが挙げられている。「場」のところでも言及したように、イノベーションを遂行するヒトの問題が大きいといえる。

(10) 顧客の声に耳を傾ける

　最終的にアイデアを商品・事業に発展させる段階では、マーケットのトレンドをよく分析して、顧客ニーズに合致させることが重要である。

　研究者・開発者が考案したアイデアは、どうしても技術的な先進性や個人的な嗜好が重視され、独り善がりなものになりやすい。顧客の嗜好に合っているか、顧客にとって使い勝手がよいものかどうか、などを顧客の声に耳を傾けてアイデアをチェックし、改善する必要がある。

　アイデアの市場との適合を確認するために消費財などを中心に広く行われているのが、**テストマーケティング**（test marketing）である。テストマーケティングとは、開発した試作品を特定の地域・顧客層に対して期間限定で販売し、顧客の反応を確認するマーケティング手法である。いきなり商品化するのは、失敗した場合のリスクが大きいので、まずテストマーケティングをして顧客の反応を確かめ、改善してから本格的に販売する。

　テストマーケティングによって、開発のリスクを軽減できる。しかし、

実際に売れる商品を作るためには、実施方法を工夫する必要がある。

よく、テストマーケティングでは、顧客やモニターにアンケートをし、その商品への不満を聞く。集まった「顧客の声」を開発部門にフィードバックして商品を改良するのだが、改良版の新商品はあまり売れないことが多い。つまり、これは顧客の不満をつぶしているだけで、でき上がるのは、顧客から見て「とりあえず文句は付けにくいが、あまり特徴のない、つまならい商品」になりやすいのだ。

そもそも真のイノベーションは現在市場に存在しないものだから、「顧客の声」に解があるとは思えない。それよりも、顧客その商品をどのように利用して生活しているのか、ビジネスを進めているのか、という行動を観察する方が、より有益な情報が得られる。コンセプトを開発する初期段階も含めて、顧客の声だけでなく、顧客の行動を観察することを重視するべきであろう。

テストマーケティングを否定するわけではないが、顧客の声を絶対視するのも問題なのである。

(11) 商品化・事業化を阻む組織の壁

顧客の耳を傾け、顧客の行動を観察し、顧客ニーズに合わせることは大切だ。しかし、それだけではイノベーションの商品化・事業化はなかなか進まない。起業家は別にして、既存の企業がイノベーションに取り組む場合、組織の壁が商品化・事業化に立ちはだかる場合がある。敵は身内にもいるのだ。

複写機大手の米ゼロックスは、1970年にパロアルト研究所（PARC）を設立し、情報科学と物理学の多数の専門家を集め、コンピューターの研究を進めた。その結果、1972年に世界初のオブジェクト志向プログラミング言語であるSmalltalk、1973年にLANの技術規格であるEthernet、1975年にウィンドウとアイコンを使ったグラフィカルなインターフェイスであるGUI（Graphical User Interface）など、今日の

PCの基盤になるイノベーションを次々と生み出した。

　ゼロックスは、1981年にGUIを製品化したXerox Starを発売したが、25,000台しか売れず、事業としては本格展開されなかった。GUIは、パロアルト研究所を訪問したアップルの研究者に受け継がれ、Macintoshのヒットにつながった。

　せっかくの技術を持ちながら、ゼロックスがそれを事業化できなかったのは、本社の幹部がパロアルト研究所のイノベーションの価値を理解できなかったからだとされる。1970年代に本業の複写機の独占市場をキヤノンによって切り崩されたゼロックスは、本業の立て直しに経営幹部の関心が集中し、不確実性の高いコンピューター事業にはあまり関心を示さなかった。

　歴史に名を残す偉大なイノベーションですらこの状態だから、まして目立たない小さなイノベーションなど、簡単に忘れ去られてしまう。

(12) イノベーションを主導するリーダー

　東海岸のゼロックス本社から遠く離れたカリフォルニア州パロアルトで偉大なイノベーションが生まれたように、イノベーションは本社から離れた辺境や組織的には本業から疎外された傍流で生まれることが多い。辺境・傍流で生まれたイノベーションの芽が本業を中心に動いている本社の人たちの考えを変えるというのは、自然には起こらない。

　ここでカギを握るのが、商品化・事業化を推進するリーダーである。シュムペーターはイノベーションの実行者を企業者（entrepreneur）と呼び、経営管理を担うマネジャーと明確に区分している。

　リーダーあるいは企業者がリスクテイクして新結合を試み、社内で支配的な技術・思想を変更するように働きかけると、商品・事業が生まれる。逆に、どれだけ優れた技術でも、リーダー不在だと商品・事業に結実しない。

　イノベーションの創出に代表されるリーダーの役割については、第6章で改めて論じることにしよう。

4 オープン・イノベーション

(1) 他社との共同開発

　本章の最後に、イノベーションの新しい展開として、オープン・イノベーションについて検討しよう。

　他社や顧客など社外と協働してイノベーションを生み出すことを**オープン・イノベーション**（open innovation）という。色々なタイプのオープン・イノベーションがあるが、まず最も古くから最も広く普及しているのが、他社との製品共同開発である。

　技術的に簡単な製品を作る場合、自社内で計画的・集中的に経営資源を投入した方が効率的だ。しかし、複雑な製品や高度な経営資源を要する製品だと、1社ですべてを完結するのは困難で、返って非効率になる。自社単独ではなく、仲間を作って皆で「寄ってたかって」取り組む方が、高度なイノベーションを実現できる。また、リスク分散という観点からも、共同開発のメリットは大きい。

　トヨタが作る自動車やボーイング社が作る旅客機は、部品点数が多く、設計も複雑で、1社だけで製品開発をすべて行うことは不可能である。トヨタはデンソーなど系列部品メーカーと、ボーイングはロールス・ロイスやGEなどの協力メーカーと、開発の初期段階から共同で開発作業をしている。ボーイング787は、機体の70％近くをアメリカ国外の約70社が参加して開発する国際共同事業であった（下請けを含めると900社）。

(2) 仲間づくり

　とりわけ、ドミナント・デザインを確立するまでの製品開発の初期段階では、仲間づくりは有効である。主流の地位を獲得できるかどうかは、技術的な優秀さもさることながら、市場の支持が重要であり、仲間と協力してマーケティングを展開することがよく行われる。

1980年代の家庭用ビデオの規格競争で、ソニーはベータ方式の自社単独展開にこだわり、ビクター・松下のVHS方式に敗れた。2000年代後半の次世代DVDの規格競争で、ソニーはその反省を生かし、早期からブルーレイ規格を開放するなど、独自路線へのこだわりを捨てて、仲間作りを進めた。ストリンガーCEOは、他の電機メーカーだけでなく、映画会社や小売業の支持を取り付けるためにトップ営業に奔走した。

　もちろん、フォードのT型フォードのように、1社単独でドミナント・デザインを確立し、市場を独占するのが理想ではある。①市場独占の可能性、②仲間づくりによる市場の拡大、③仲間との収益の分配、という3点から単独で行く場合と仲間づくりをする場合の売上高・利益や競争優位性の変化を勘案し、どちらにするかを決める。

（3）顧客のアイデアを取り入れる

　他社との共同開発や仲間づくりからさらに発展して、近年、一般消費者などから幅広くアイデアを募り、商品開発に取り入れる動きが広がっている。

　カタログ通販のフェリシモは、年2回ほど「生活雑貨大賞」というイベントを行い、消費者から商品アイデアを募っている。社内の担当者では到底思いもつかないあっと驚くアイデアが次々と寄せられるという。フェリシモは、そうしたアイデアをもとに、「どっちからでも履けちゃうベランダサンダル」や「すぐ見たいページを開いたまま収納できる家族の通帳ケース」といったユニークな商品を開発し、ヒット商品を生み出している。

　新結合というイノベーションの本質からすると、似たような思考回路を持つ社内の限られた人材が知恵を絞るよりも、色々なタイプの人たちと知識・情報を融合させる方が、イノベーションが起きやすいはずだ。自社内部のクローズなイノベーションよりも、オープン・イノベーションの方が理に適っているといえよう。

（4）オープン・イノベーションを成功させるには

　華やかな成功事例とともに注目を集めるオープン・イノベーションだが、実際には、取り組んでみたもののうまく行かず、混乱しただけで何も残らない、という失敗事例も多いようだ。

　失敗の要因はさまざまだが、オープン・イノベーションはもともと成果実現のハードルが高いという事実を認識する必要がある。つまり、オープン・イノベーションでは、独立した各社が制約の少ない緩やかな条件の下で、複雑・高度な共同作業をしなければならない。コントロールやコミュニケーションが容易な自社内部で取り組む場合と比べて、相互の調整が難しく、空中分解しやすい。

　したがって、オープン・イノベーションを成功させるには、①ばらばらの各社を一つの方向にまとめる旗印（理念・ビジョン）を明確にする、②中心となる企業が率先して利害を調整する、③コミュニケーション基盤を確立する、といったことが必要になる。

ケースの解説

　3Mのポストイットは1981年の発売なので、クラシックな事例である。しかし、イノベーションの本質を表しており、今日でも学ぶべき点が多いのではないだろうか。

　まず、この章で紹介した概念で、ポストイットのイノベーションとしての特徴を確認しよう。

　イノベーションの種類としては、プロダクトイノベーションであり、抜本的なイノベーションである。

　創造プロセスは、研究所が起点になっており、大枠としてはリニアモデルである。ただ、フライの用途発見や秘書の行動などマーケットの発見をうまく取り込んでおり、連鎖モデルの要素もある。

3Mでは、スコッチテープやポストイットだけでなく、社内のいたるところでイノベーションが湧き起こる。その背景には、イノベーションを育む独特な組織風土や制度・ルールがあると言われる。

　ポストイットの開発に直接寄与したのは「15％ルール」である。これは、勤務時間の15％を自分の好きな研究に使っても良いとする不文律とだ。自分の職務と関係のない研究をしても、他部署の人と協力して新しい製品の開発に取り組んでも良い。また独創力が豊かであると認められると、すべての勤務時間を自由研究に使用することも認められる。しおりの開発を思い立ったフライが翌日から業務の一部として実施したのはまさにこの「15％ルール」である。

　他にも、上司に無断で行う研究である「ブートレッギング（密造酒作り）」や絶対失敗すると証明しない限り部下のアイデアを潰してはならないという「十一番目の戒」など、3Mにはイノベーション創造のさまざまな仕掛けがある。

　なお、ポストイットの発売まで11年の歳月がかかっている。アメリカでは1980年代以降、株主重視の経営が強化され、経営の視点が短期化しており、他の企業が3Mを見習おうとする際の障害になる。3M自身も今後ポストイットのようなイノベーションを起こせるのか、近年、試練に立っているとされる。

実践のチェックポイント

- シュムペーターが提示した5つのイノベーションのうち、自社ではどれを重点的に取り組んでいるか。得意・不得意はどの当たりで、今後どこを強化するべきか。
- 自社はプロダクト・イノベーションとプロセス・イノベーションのどちらを重点的に取り組んでいるか。今後どちらを強化するべきか。
- 自社の過去のイノベーションをいくつか取り上げて、スラックとディ

ストレスのどちらが多かったかを分析せよ。
- 自社が所属する業界では、抜本的イノベーションと漸進的イノベーションのどちらが競争上重要か。「イノベーションのジレンマ」は当てはまっているか。
- 自社のイノベーションの創造は、リニアモデルと連鎖モデルではどちらに近いか。メリット・デメリットを整理せよ。
- 自社のイノベーション創造のプロセスを分析せよ。①知識・情報など経営資源を蓄積する、②経営資源を組み合わせ、アイデアを生み出す、③アイデアから新しい製品・サービスなどを作り出す、という3つのどの部分がうまく行っているか、いないか。
- 場づくり、組織文化の壁の打破、リーダーシップの発揮など、イノベーションを促進させる取り組みをしているだろうか。
- 自社の事業にオープン・イノベーションを取り入れる余地があるかどうか、あるならどう取り入れるべきかを考察せよ。

第6章

戦略実行のための組織とリーダーシップ

　前章までは、成長戦略・競争戦略を策定する上での考え方・留意点を見てきた。この章では、策定した戦略を実行し、成果を実現する上での課題について検討する。とくに、戦略を実行するための組織体制を整えることやリーダーがリスクを取って戦略を主導することについて考えよう。

| ケース | **日産自動車の改革** |

　戦後長く日本の自動車業界でトヨタを追う2位の座にあった日産は、1998年にまさに存亡の危機を迎えていた。販売不振で収益が悪化し、資金繰りが綱渡りの状態に陥った。日産は、起死回生を狙い、1999年にフランスのルノーに出資を仰いだ。筆頭株主となったルノーからCOO（最高執行責任者、後にCEOに昇格）としてカルロス・ゴーンが送り込まれた。ここからゴーン改革が始まった。

　ゴーンがまず取り組んだのは、経営理念、ビジョン、ミッションといった経営の指針の見直しである。技術偏重・顧客不在だった過去を改め、「わたくしたち日産は、独自性に溢れ、革新的なクルマやサービスを創造し、その目に見える優れた価値を、全てのステークホルダーに提供します。それはルノーとの提携のもとに行っていきます。」というミッションを打ち出した。

　同時にゴーンは、現場の管理職クラスとの対話を繰り返し、改革の方向性を探った。ゴーンがまず気になったのは、社員の仕事に取り組む姿勢であった。資質に恵まれた社員が多いが、何が問題であって、解決のために何をするべきか、考え、行動する習慣が不足していた。また、社員が主体的に行動する前提として、トップが環境を的確に認識し、戦略を明示し、何から取り組んでいくべきかという優先順位を決める必要があるが、当時の日産の経営陣には、こうしたリーダーシップが欠如していた。

　ゴーンの認識では、日産は人材や技術力など自動車産業で競争するための基本的な潜在能力を備えており、社員の主体的な取り組みを引き出せば、短期間で経営改善することが可能だと思われた。ゴーンは、たびたび「答えは会社のなかにある」と述べている。

　そこでゴーンは、事業展開、購買、製造・物流、研究開発、マーケティング・販売、一般管理費、財務、車種削減、組織と意思決定プロ

セス、設備投資、という10のテーマを協議するクロスファンクショナル・チームを組織し、日産が抱える問題の解決を検討させた。

このクロスファンクショナル・チームでは、「事業の発展・収益改善・コスト削減を目的とする計画の提案」という共通の目標が設定され、「聖域、タブー、制約、文化的相違による障害は一切排除して提案を作成する」ことが共通のルールになった。この目標とルールを徹底したため、メンバーは、従来のやり方やルノーとの関係に遠慮することなく、全社的視点や顧客視点に立って思い切って議論をすることができた。

クロスファンクショナル・チームによって検討されたアイデアは、99年10月発表された「日産リバイバルプラン」のベースになった。このプランは、人員削減・工場閉鎖・サプライヤーとの関係見直しなど、緊急避難的なリストラ色の強いものになった。

このプランの中で特徴的で、ある種の流行語にもなったのが、「コミットメント」という考え方である。日本語では「必達目標」と訳されるように、単に目標として掲げるだけでなく、経営陣と社員が必ず目標を達成する責任を負うことを誓っている。

それまでの日産には、経営計画はあくまで見通しであって、達成できなくて当たり前、という雰囲気が蔓延していた。ゴーンは、自ら「コミットメントを達成できなかったら責任を取って辞任する」と宣言した。自分を追い詰めると同時に、全社員に明確な責任を持たせた。「過去の仕事は関係ない。これからの日産に必要なことを示してくれ」と迫り、わずか就任半年で五千人に及ぶ社員面談をこなしながら、目標設定を投げかけた。

今日では日産は、社内で「コミットメント」を、社長から課長まで全員が持っている。それは、「達成できないとどうしようって、期限が迫ると毎晩うなされる」(ある課長)というほど厳しいものである。COO候補と目された役員でさえ、目標が未達だったことを理由に退任を余儀なくされたこともあった。従来の年功序列賃金を排し、目標を達成

した社員に対しては成果主義賃金でしっかり報いている。競争原理の導入で、日産の社員の目の色が変わった。

　こうしてV字回復を果たした日産だが、2018年10月ゴーンが自身の報酬を有価証券報告書に過少に記載したとする金融商品取引法違反の疑い逮捕・起訴された。まだ判決は出ていないものの、ゴーンが会社を私物化した実態が次々と明るみになっている。

　もちろん、ゴーン逮捕によって、日産が経営改革を実現した事実が消えるわけではない。ただ、ゴーンが強力に改革を進めただけで、組織の体質や従業員のマインドは変わっていないのではないかという疑念が強まっている。エコカーの普及、新興国メーカーの台頭など厳しさを増す環境下で、カリスマ経営者を失った日産の今後が注目される

1　戦略に適合した組織づくり

(1) 戦略が絵に描いた餅に終わる理由

　企業では、経営者が斬新な戦略を策定しても、なかなか実行に移せず、絵に描いた餅に終わってしまうということがよくある。

　第5章までで検討した戦略の策定は、それほど難しいことではない。経営者や経営企画担当者がMBAなどでちょっと勉強し、内外の経営環境の情報をきちんと収集すれば、1か月もかからず立派な戦略を作ることができる。あるいは、社外のコンサルタントに戦略策定を依頼することも可能で、極論すれば「カネで片付く話」である。

　しかし、戦略をきちんと実行して成果を実現するのは、容易なことでない。戦略を立てては導入でつまずき、何年か置きに経営改革プロジェクトに取り組む企業をよく目にする。世間では一流と呼ばれる企業でも、戦略を実行するのはなかなか困難なことだ。

組織のトップ層が戦略を考えるだけではだめで、成果実現のためには、ミドルや一般層まで巻き込んで、組織全体が統一的・創造的に活動する必要がある。もちろん、コンサルタントなど部外者に実行を依頼することはできない（部分的にアウトソーシングをすることは可能だが）。

戦略を策定した後のプロセスは、次のようになる。

①組織を作る
②経営資源を調達する
③協働して成果を実現する

つまり、この３つがうまく行けば、成果を実現することができるはずである。絵に描いた餅に終わるのは、３つのうち１つ以上がうまく行かなかったということになる。

(2) 組織は戦略に従う

まず、戦略を実行するための組織づくりについて検討しよう。

アメリカの大企業の19世紀後半から20世紀の発展の歴史を研究したチャンドラーは、企業が経営戦略を転換するのに伴って組織構造を変化させていることを発見し、「組織は戦略に従う」という有名な命題を導き出した。組織内の個々の職能や部門を個別に考えるのではなく、経営戦略という長期的視点にしたがって職能間・部門間を包括的に調整することが重要であるというのが、チャンドラーの主張である。

組織には、①**機能別組織**、②**事業部制組織**、③**マトリクス組織**という３つの基本構造がある。業種や企業規模にもよるが、組織構造の内容と経営戦略の関係を大雑把に整理すると、以下のようになる。

①**機能別組織**

生産・販売・開発・人事といった経営職能に応じて水平的な分業をした

組織形態である。分業によって専門性と規模の経済性が実現する。鉄鋼・石油といった単一の事業を営む大企業では、機能別組織によって最高のコストリーダーシップを実現できる。

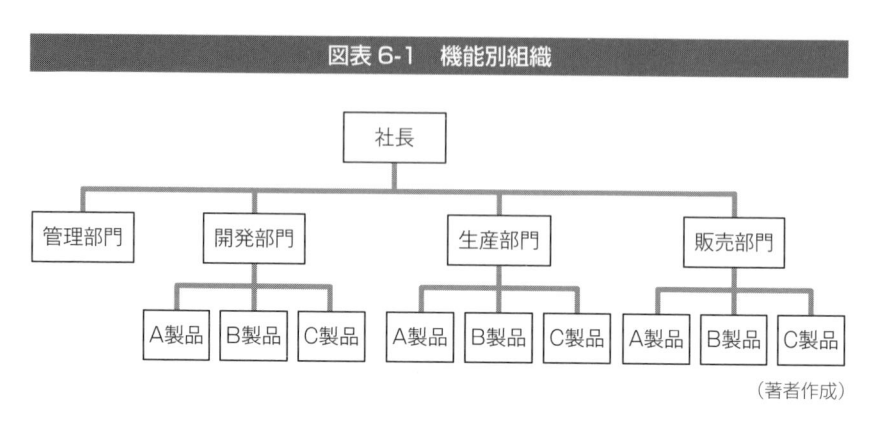

図表 6-1　機能別組織

（著者作成）

②**事業部制組織**

商品群や地域といった一括りにできる事業単位を設定する組織形態である。経営意思決定を事業責任者に権限移譲することよって、利益責任が明確になり、機動的な経営ができる。製品・市場マトリクス（P40参照）では、製品開発で複数の製品を展開したり、多角化で複数の事業を展開したりする場合、事業部制組織を採用する。

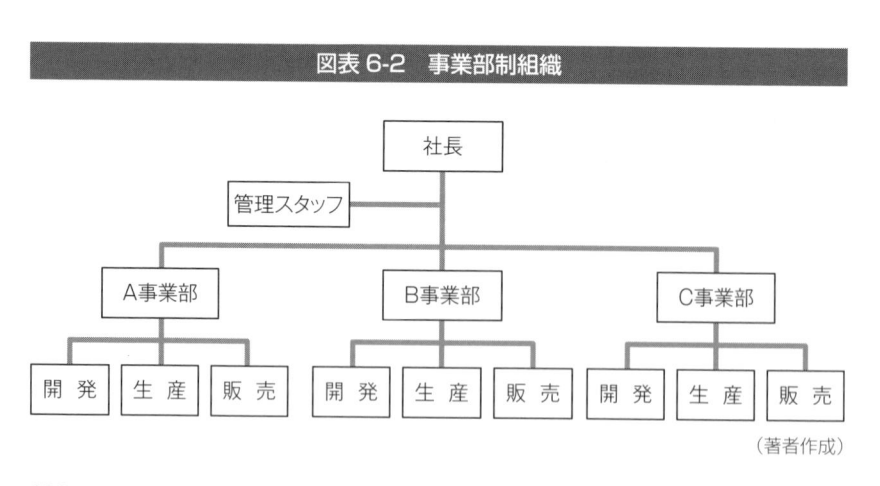

図表 6-2　事業部制組織

（著者作成）

③マトリクス組織

　マトリクス組織は、製品・機能・顧客・地域など異なる観点を組み合わせて、多元的な指揮系統を持つ組織形態である。管理・調整が複雑になるが、うまく運営できれば、低コストという機能別組織のメリットと利益責任・機動性という事業部制組織のメリットの両方を享受できる。グローバルに市場開発を志向する大企業は、事業部門と地域の2軸による**グローバル・マトリクス組織**になっている場合が多い。

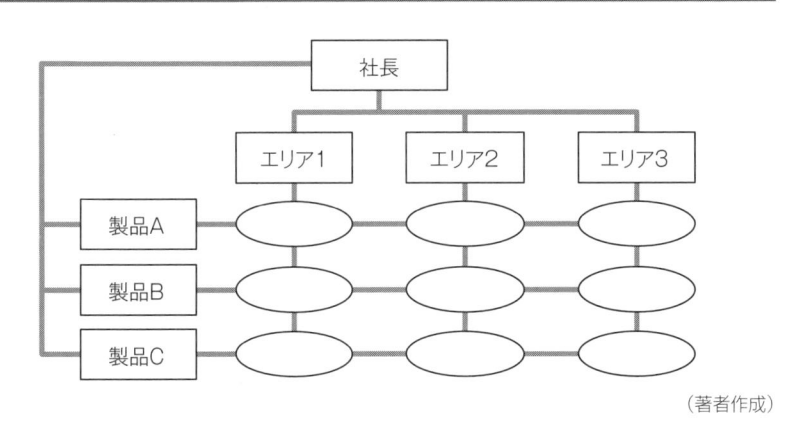

図表6-3　マトリクス組織

（著者作成）

（3）新しい戦略を導入する組織のパターン

　上記は、新しい戦略に合わせて会社全体の組織構造を転換する長期的な動きを想定している。しかし、短期的には、新しい戦略の導入に合わせて、いきなり既存の組織をガラッと変更するのはまれである。たとえば、新規事業を開発する場合や安売り路線だった企業が差別化を狙って高級品を導入する場合など、まず新しい組織を作って新しい戦略を専門的に担当し、状況を見ながら既存の組織と融合させていくことが多い。

　既存の戦略と並行して新しい戦略を導入する場合、次のような組織的な対応が考えられる。

①戦略検討の**プロジェクト・チーム**（project team、PJ）を作り、新しい戦略の実現可能性を検討する。とくに新規事業の事業可能性を検討することを**フィジビリティ・スタディ**（Feasibility Study、FS）と呼ぶ。検討の結果、実現可能性が検証されたら、②以降に進む。実現可能性が見込めなければそこで終わる。なお、プロジェクト・チームは特定の目的を担う時限組織で、**タスクフォース**もほぼ同じ組織形態である（タスクフォースの方が小規模な組織単位を指すことが多い）。

②プロジェクト・チームを作って、新しい戦略を実行する。①はもっぱら新しい戦略の可能性を検討するのに対し、②では実際に戦略に着手する。

③専任担当部署を作る。新しい戦略を恒久的に推進することが決まったら、プロジェクト・チームのような時限組織でなく、事業部のような恒久的な組織を設置し、より大規模に経営資源を投入する。

④既存の事業部門の中で新しい戦略を実施する。

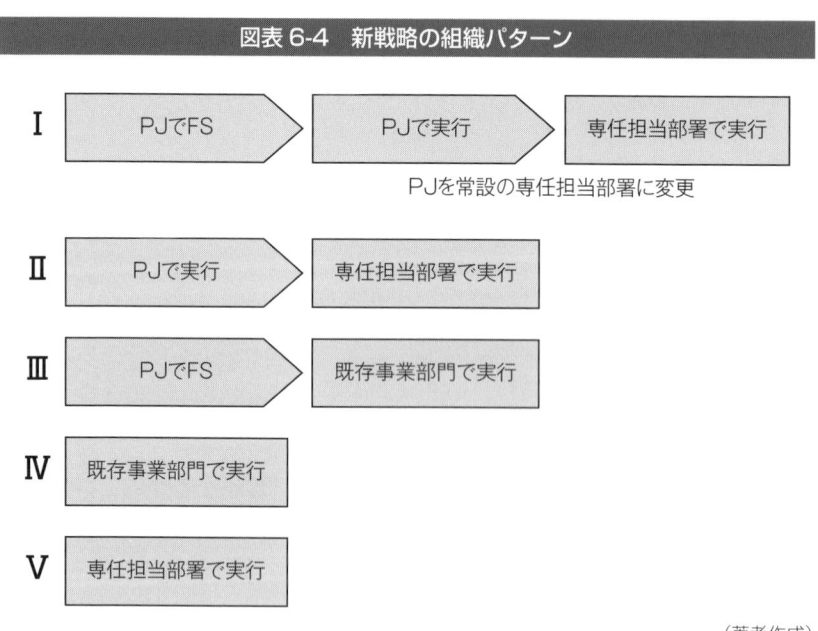

図表6-4　新戦略の組織パターン

Ⅰ　PJでFS → PJで実行 → 専任担当部署で実行
　　　　　　　　　　　PJを常設の専任担当部署に変更

Ⅱ　PJで実行 → 専任担当部署で実行

Ⅲ　PJでFS → 既存事業部門で実行

Ⅳ　既存事業部門で実行

Ⅴ　専任担当部署で実行

（著者作成）

順序としては、Ⅰ：①→②→③、Ⅱ：②→③、Ⅲ：①→④というケースが多いが、いきなり③専任担当部署や④既存事業部門が新しい戦略を実行するⅣ・Ⅴもある（図表6-4）。戦略実行に伴うリスクは、パターンⅠ→パターンⅡまたはパターンⅢ→パターンⅣ→パターンⅤの順に大きくなる。

（4）新しい戦略と既存の組織の関係

4つのパターンのどれを選択するかは、次のような点を勘案する。

第1に、新しい戦略が従来の戦略とどれだけ異なるか。新しい戦略の目的・内容や使用する経営資源などが従来の戦略と大きく異なる場合、新しい戦略の従来の戦略への悪影響、従来の戦略の新しい戦略への悪影響を避けるために、ⅠあるいはⅡを採用する。新旧の戦略が類似しているなら、混乱が少ないので、ⅢやⅣでも良いだろう。

第2に、（第1の点とも関連するが）新しい戦略のリスク（不確実性）がどれほど大きいか。一般に、すでに進められている戦略・事業はリスクが小さく、新しい戦略はリスクが大きい。人間はリスクを回避する傾向があり、既存の組織では新しい戦略を拒否する可能性が高いので、別組織で対応する方がスムーズに進む可能性がある。つまり、リスクが大きい場合、ⅠあるいはⅡを採用する。

ただし、経営資源の豊富な既存の組織の方がリスク許容度が高いので、Ⅳを選択し、既存の組織でいきなり新しい戦略を実施し、新しい戦略のリスクをヘッジすることも考えられる。

第3に、新しい戦略を全社の中でどう位置づけているか。新しい戦略が将来自社で主流になると見込まれるなら、既存の戦略の修正・廃止を迫られる。パターンⅢかⅣで既存の組織の中で展開するのが良い。逆に、新しい戦略が主流になるかどうか不確かな場合、クリステンセンが「市場の規模に組織を合わせる」と主張したように（P134）、パターンⅠかⅡで新しい戦略の展開を見極める方が得策である。

（5）組織いじりの弊害

　経営戦略と組織の関係の最後に、企業が陥りがちな「組織いじり」の危険性・弊害について強調しておきたい。

　経営トップは、新しい戦略を導入するとき、まず大規模な組織改革から着手することがある。新しい戦略を担う担当部署や子会社を作ったり、事業運営のルールを変更したり、大規模な人事異動を断行したりする具合である。

　こうした組織改革には、新しい戦略に合致した経営資源、中でも人的資源の再配分を実現するだけでなく、戦略について組織内外の認識を高めるアナウンスメント効果がある。とくに、社内外の実力者に新しい戦略を担当させる"重量級の人事"によって、新しい戦略に賭ける経営トップの決意を広く知らしめることができる。

　ただし、組織改革にはマイナス面もある。コストがかかるし、現場のオペレーションが混乱する。また、内部調整に手間取っている間に、顧客が離れてしまう場合もある。毎年のように組織改革を繰り返す「組織いじり」で、従業員が疲弊してしまっている企業は珍しくない。

　それよりも注意を要するのは、経営トップが組織いじりを経営改革と勘違いしてしまうことである。新しい部署を作り、新しい陣容を整えると、経営トップは新しい戦略が着実に成果を生んでおり、自分が果たすべき役割は終わったと安堵し、満足してしまうことである。

　しかし、組織は戦略を実行する上での条件の1つに過ぎず、組織を整えるだけでは戦略は実現しない。P177以降で詳述する通り、戦略を実行するのはリーダー（ヒト）であり、組織が戦略を主導することはない。組織改革で終わりでなく、それを出発点として戦略の実行と成果実現を加速させる必要がある。

　現実には、大掛かりな組織変革をしなくても新しい戦略を導入できることが多い。安心したトップが戦略導入の手綱を緩めてしまうなど、組織改

革にはむしろマイナス面が大きい。本当に必要な組織改革なのか、経営トップは厳しく自問する必要があるだろう。

❷ 経営資源の調達

（1）内部調達と外部調達

　組織を設計したら、続いて経営資源を調達する。戦略を実行するのに必要な経営資源の内容・量などを明らかにして、コストやスピードを勘案して調達する。

　経営資源の調達には、内部調達と外部調達があり、適切に使い分ける必要がある。

　内部調達とは、企業内部にすでに存在する経営資源を活用したり、企業内部で作り出したりすることである。社内の遊休地を活用したり、従業員が教育訓練などを通してノウハウを習得したりする具合である。内部にある資源を利用して成長することを**内部成長**という。

　外部調達は、経営資源を社外から調達することである。調達の方法には、個別の経営資源の購入、M&A（合併・買収）、戦略的提携、アウトソーシングなどがある。これら、外部にある資源を調達して成長することを**外部成長**という。

　内部調達と外部調達は、以下のような点を勘案して使い分ける。

①特殊性・汎用性
　　その企業だけでしか利用されない特殊な経営資源は、内部調達する。
　　他社・市場に存在する汎用性の高い経営資源は、外部調達でも良い。
②幅広さ
　　企業の内部に保有する経営資源は限りがあるので、幅広い経営資源が必要な場合、外部調達を考慮する。

③コスト
　社内にすでに存在する経営資源を利用する場合、追加のコストが発生しない。ただし、特殊なスキルを持つ人材を社内で育成するような場合、教育訓練のコストが発生する。外部調達では、一般的に市場価格で相応のコストを支払う必要がある。
④スピード
　すでに社内にある資源を利用する場合、内部調達の方がスピーディに調達できる。しかし、一般に、人材・スキル・ノウハウなど、外部調達の方がスピーディに調達できる。
⑤安定性
　継続的に事業を進める上で、経営資源を安定的に調達することが重要である。一般に、内部調達の方が安定的だが、たとえば機械メーカーが部品を調達する場合、何らかの社内事情で内製できなくなることもあり、たくさんの部品メーカーから分散して調達した方が安定的ということがある。

　日本企業は、①特殊性と⑤安定性を実現するために、伝統的に内部調達を重視してきた。つまり、終身雇用制とも言われる長期・安定雇用を前提に、自社の事業の特徴に合った人材・ノウハウなどを長期間かけてじっくり育成・形成することが多い。こうした自前主義の内部調達は、第4章で検討したように、他社から模倣されにくく、長期的な競争優位につながった。
　しかし、汎用性の高い経営資源については、外部調達の方が③コストや④スピードで優れている。とくに、環境変化が激しくなってくると、時間を掛けて経営資源を内部調達している内に、必要な経営資源が変わってしまっているかもしれない。現代は、スピードが重視されるようになっており、外部調達の重要性が増しているといえよう
　日本企業は、上記の要素を勘案しながら、内部調達一辺倒でなく、外部調達も柔軟に取り入れて、バランスよく調達する必要がある。

（2）PPMで人材を再配分する

　内部調達で最も問題となるのは、知識・ノウハウを構築することやそのカギとなる人的資源の獲得・活用である。第4・5章で検討した通り、競争優位につながる知識・ノウハウを構築するのは難しく、長期間を要する。

　ここでは、社内にすでに存在する経営資源を有効活用するためのポイントを考えてみよう。すでに存在する経営資源を使うことなど何でもないように思うが、意外と難しかったりする。社内での資金の活用については第2章でPPMを紹介したが、人材についても、PPMの発想を持つことがポイントになる。

　成熟事業である「金のなる木」は、需要の低迷や業務の効率化などによって、資金だけでなく人材も過剰になる。本来、少ない人員で済むなら、他の事業に人材を供給するべきだが、成熟事業のマネジャーはなかなかそういう判断をせず、必要以上の人材を自部門に囲い込もうとする。なぜなら、マネジャーにとって、事業で確実に成果を実現するには優秀な人材が欲しいし、人員数を含めた事業規模でマネジャーの社内での"格"が決まってくるからだ。

　成熟事業で人員が余剰になる一方、新規事業の「問題児」では逆に人員不足が起こる。保守本流の成熟事業は社内での発言権が強いので、人員過剰の状態が許容される一方、実績がなく社内での立場が弱い新規事業や傍流の事業では必要な人員の確保がままならない。こうして、社内で深刻な人材の偏在が生じる。

　常識的に見て、長年慣れ親しんだ成熟事業を維持するのと新規事業を立ち上げたり、不採算事業を立て直したりするのでは、難易度は段違いだ。よほどの一流大企業でも成果を実現できる優れた人材は限られるから、エース級の人材ほど困難な新規事業・不採算事業に敢えて配置するべきである。人材を自部門に囲い込んで外に出さないマネジャーが最も悪い。自部門で評価の低い人材をいやいや出すのが次に好ましくない。優れた人材

から優先的に外に出すのが最も好ましいマネジャーだ。

　三菱商事は、成熟事業である食品部門から将来社長候補と言われた新浪剛史を買収したローソンに送り込んだ。このように、発展する企業ではＰＰＭの発想で人材を有効活用している。

　資金でも人材でも、企業全体を見て大局的見地から全体最適で配分することは、長期的な発展のために極めて重要なのである。

（3）M&Aによる資源調達

　外部調達のうち、近年大きな注目を集めているのが **M&A**（merger and acquisition、合併・買収）である。

　かつて日本企業では自前主義が徹底されており、M&Aの実施件数は少なかった。しかし、2000年代以降、実施件数が急速に増え、戦略の選択肢として身近な存在になった。まだまだ生き残りを賭けた救済合併など業界再編を目的にしたM&Aが多いようだが、今後は、経営資源を外部調達する手段として柔軟に活用することが期待される。

　M&Aはよく「時間を買う」と言われるように、ゼロから内部調達するよりも、経営資源をスピーディに調達できる。

　近年の最も象徴的な事例は、ソフトバンクであろう。

　通信事業への進出を目指したソフトバンクは、子会社のＢＢモバイルを設立し、すでに2005年に総務省から携帯電話事業への参入が認められていた。しかし、総務省から割り当てられた電波の帯域はわずか10MHz（メガヘルツ）で、ドコモの約100MHz、KDDIの約60MHzに比べて大きく見劣りした。そこでソフトバンクは、自前での新規参入から方向転換し、業界3位のボーダフォンの買収に踏み切った。

　ボーダフォンの買収によって、事業展開に最も必要となる電波を手に入れることができた。ボーダフォンの携帯電話の世界で経験の豊富な人材やノウハウを活用できる点も魅力だったという。また孫正義社長は、新規参入の携帯電話事業者にとって端末の調達が困難であることも、買収の理由

の1つであったことを認めている。

ソフトバンクに見るように、新しい事業領域で必要な経営資源をスピーディに調達するには、M&Aは有効な選択肢である。

(4) M&Aによる調達を成功させるには

スピードが要求される現代の事業環境で、M&Aのメリットは大きい。ただし、必要な経営資源をオーダーメイドする内部資源と比べて、M&Aでは自社のニーズに合わなかったり、うまく活用できなかったりという事態が起きやすい。

M&Aによる外部調達を成功させるには、以下のような点に注意すると良いだろう。

①目的と範囲を明確化する

まず、生き残りのための規模拡大なのか、経営資源の調達が目的なのか、目的を明確にする。企業単位のM&Aでは、不要な事業まで取り込んでしまう可能性もあるので、事業単位の方が適切かどうかを検討する必要がある。不要な事業や経営資源まで取り込むことがないよう、M&Aの範囲を明確にする。

②事前の調査で、適正価格を見極める

M&Aでは、買うこと自体が目的になり、高値で買収してしまい、経営資源は調達できたが、企業価値を毀損してしまう場合が多い。高値掴みをしないためには、交渉前の調査、交渉合意後の買収監査(デューデリジェンス、Due Diligence)を念入りに行う必要がある。

③既存の組織との融合を図る

M&Aで企業・事業を取り込むだけでは、経営資源は有効活用できない。買収先と自社の融合を図る作業が必要になる。この作業のことをPMI (post-merger integration)という。PMIを成功させるには、統合相手よりも市場や競合を見る、全体の統一性を保ちスピード感を持って進

める、コミュニケーション量を増やす、などを心がけると良いだろう。

(5) 戦略的提携による資源調達

　M&Aでは、企業・事業の所有権を取得することを想定している。それに対し、M&Aのもう少し緩やかな形態として、近年他社（パートナー）との戦略的提携に取り組む企業が増えている（戦略的提携をM&Aの一部に含める見解もある）。

　戦略的提携の範囲・形態は実に幅広いが、バーニーによると以下の3つに分類できるという。

Ⅰ．**業務提携**……株式を持ち合ったり、その共同事業を管理するための独立組織を作ったりせず、契約を通じて企業間の協力を進める。
Ⅱ．**業務・資本提携**……契約による協力関係を補強するため、一方が提携パートナーの所有権に投資する。相互に投資することもある。
Ⅲ．**ジョイント・ベンチャー**……提携パートナー企業が共同で投資をして独立組織を作る。その組織から得られる利益を各パートナーに分配する。

　戦略的提携が最も発達し、機能している例として、航空業界を挙げることができる。
　航空業界では、1980年代以降、事業規制の緩和が進められた。とくに90年代からは航空会社が自国・相手国の政府を通さず他社や空港側と直接交渉で新しい路線への参入や撤退、路線の便数や運賃の設定などを行うオープンスカイが進んだ。規制緩和による料金低下や新興国の発展によって、航空需要が増大し、航路が世界的に広がると、航空各社は対応を迫られることになった。ここで航空各社は、自社で世界中の航路を開拓したり、他地域の航空会社をM&Aしたりするのではなく、戦略的提携を選んだ。ワンワールド（One World）やスターアライアンス（Star Alliance）といった国際的な戦略的提携を実現することによって、お互い

に経営資源を融通し、短期間で市場のグローバル化に対応することができた。

（6）戦略的提携を成功させるには

完全に所有権を移転する狭義のM&Aと比べた戦略的提携のメリットは、自由度・機動性が高い、出資額・運営費用などコストが少なくて済む、などである。一方デメリットは、強制力を伴わないため、パートナー間の調整がうまく行かず、非効率になりやすいことである。

狭義のM&Aと比べてパートナーとの繋がり・強制力は、Ⅰ→Ⅱ→Ⅲの順に強くなる。それに伴い、メリット・デメリットともにⅠ→Ⅱ→Ⅲの順に小さくなる。

戦略的提携を成功させるための留意点は、以下の通りである。

①提携の理念・目標・ビジョンを共有する

戦略的提携は自由度が高いので、各社が自社の事情を優先して勝手に行動する結果、提携の効果を十分に発揮できないということになりやすい。提携の理念・目標・ビジョンをパートナーとの間で共有し、できる限りそれらを優先し、準拠する必要がある。

②お互いにメリットのある関係づくりをする

パートナー間でメリットの分配が偏ると、パートナーに対する不信感が芽生えて、関係が発展・長続きしない。お互いが納得できるようなスキームを作り、メリットを公正に評価・分配する必要がある。

③リーダーシップを発揮する

1つの組織になるM&Aと違い、パートナーとは考え方・行動の仕方などが異なる上、調整作業も物理的に難しいので、提携ではちょっとした問題や例外的事態をなかなか調整できない。お互いの責任者・管理者がリーダーシップを発揮して問題解決・例外処理に当たることが、とりわけ重要である。

(7) アウトソーシング

戦略的提携に近い技法として**アウトソーシング**（out-sourcing）がある。

アウトソーシングとは、自社の業務や機能の一部または全部を、それを得意とする外部の企業などに委託することである。自社の競争優位と直結するコア業務・機能と直結しないノンコア業務・機能に分け、後者を他社にアウトソーシングする。

アウトソーシングは、経営戦略を実行するための資源の調達とは直接関係ないが、ノンコア業務を社外に出し、自社はコア業務に集中することによって、経営資源を有効活用することができる。また、多くの企業から業務を受託する委託先（アウトソーサー）は、規模の経済性で低コストの業務運営をできるので、委託元の企業のコスト削減に繋がる。

アウトソーシングを成功させるには、自社に残す業務と社外に切り出す業務の範囲を的確に線引きすることが大切だ。ノンコア業務であってもノウハウが流出してしまう可能性があるので、秘密保持契約など保全措置を講じる必要がある。また、業務品質が低下することのないよう、事前にSLA（Service Level Agreement）を締結するとともに、委託後は任せっぱなしにせず、定期・不定期で監査を行うようにする。

(8) シェアードサービス

数多くの事業部門やグループ企業がある大企業では、間接業務について**シェアードサービス**（shared service）を導入するという選択肢がある。シェアードサービスとは、各事業部門・グループ各社で行われている総務・経理・人事・情報システムといった間接業務を一か所に集約する経営手法である（1990年代にＧＥが開発）。

図表6-5は、富士フイルムホールディングスのシェアードサービスを担う富士フイルムビジネスエキスパートの事業概要である。富士フイルムのように、①グループ企業の間接業務を集約するだけでなく、②独立した

第6章　戦略実行のための組織とリーダーシップ

図表6-5　富士フイルムのシェアードサービス

富士フイルムグループのシェアードサービス機能

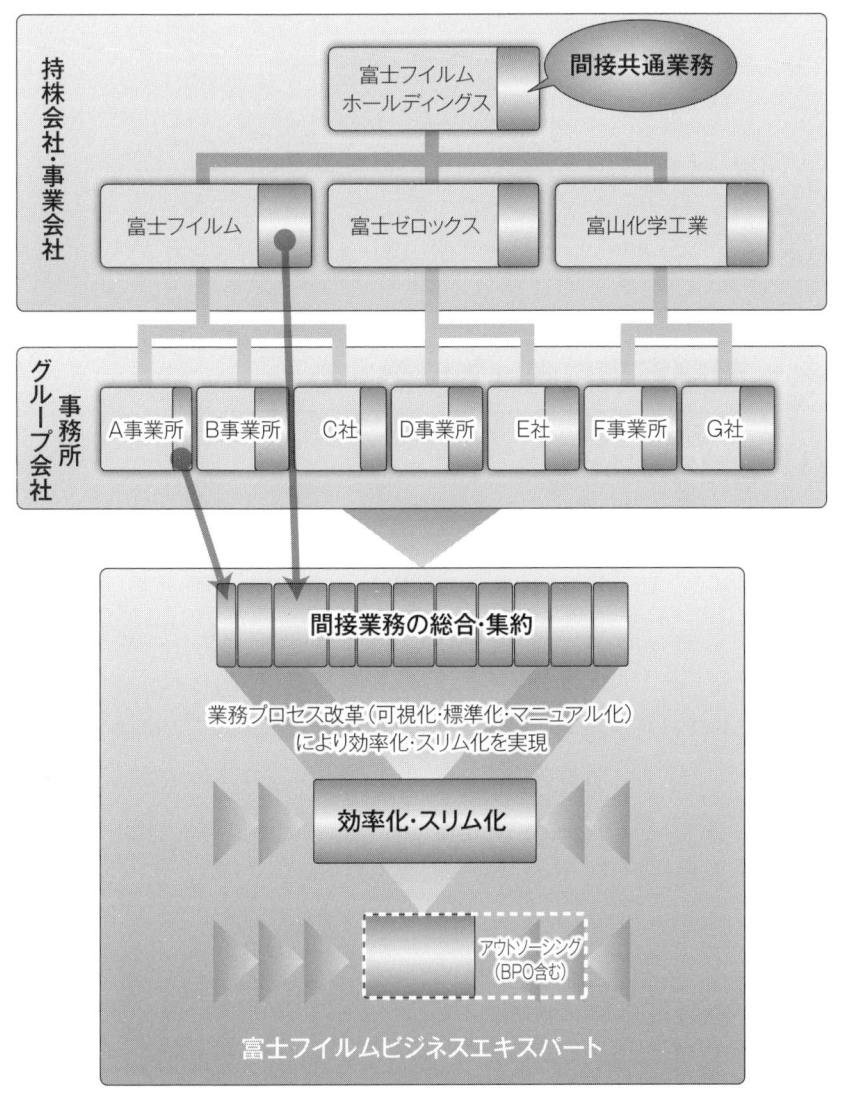

持株会社・事業会社
- 富士フイルムホールディングス ← 間接共通業務
  - 富士フイルム
  - 富士ゼロックス
  - 富山化学工業

グループ会社・事業所
- A事業所／B事業所／C社／D事業所／E社／F事業所／G社

↓

間接業務の統合・集約

業務プロセス改革（可視化・標準化・マニュアル化）により効率化・スリム化を実現

効率化・スリム化

アウトソーシング（BPO含む）

富士フイルムビジネスエキスパート

(同社ホームページより)

シェアードサービス会社（Shared Service Company、SSC）を設立し、③最終的にはアウトソーサーとしてグループ外の企業からも間接業務を受託する、という手順で、"効率的なコストセンター"から"プロフィットセンター"へと進化している場合もある。

シェアードサービスによって、間接業務が効率化・低コスト化するとともに、社内・グループ内に業務ノウハウが蓄積される。また、場合によってはプロフィットセンターとして収益貢献を期待できる。

ノンコア業務や間接業務を効率化する場合、単純にアウトソーシングするか、シェアードサービスにするか、検討する必要がある。

③ 戦略実現に向けて協働する

（1）戦略を浸透させる

組織体制を整え、経営資源を調達したら、最後は、戦略目標の実現に向けて活動する。戦略を立案するのは経営トップや経営企画部門、あるいは事業責任者だが、実現に向けて実際に活動するのはミドル以下の現場の従業員である。ミドル以下の従業員が効果的な協働をしなければならない。

決められたことを粛々と実施するだけなので、簡単なことのように思いがちだ。しかし、この最終段階でつまずき、戦略が"絵に描いた餅"に終わってしまう企業が意外と多い。

その第1の理由は、経営戦略の考え方や活動内容がミドルや末端の従業員まで浸透していないことである。

経営トップが提示する経営戦略は、どうしても全社レベルの大まかなものにとどまる。各部門の戦略は、ミドル以下の実行部隊が現場の実情に合わせて具体化しなければならない。また、戦略を実行する過程で内外の環境が絶え間なく変化するので、微妙な修正・調整が必要になってくる。

想定される複数のシナリオごとに計画を立てる**コンティンジェンシー・**

プラン（contingency plan）を策定することがある。ただ、経営トップや経営企画部門が具体化や修正・調整の中身を事前にこと細かく取り決めをしてくことは困難であり、非効率である。それぞれの現場で、従業員が時々の状況に応じて柔軟に対応するしかない。

この柔軟な対応をする上で、現場の従業員が戦略を理解していることが重要になる。自分に与えられた役割だけでなく、経営戦略について、背景、狙い、考え方、全体像、重点ポイントなどをしっかり理解していると、柔軟な対応ができる。逆に、これらを理解していないと、ちょっとした環境変化によって判断が停止し、戦略の実行は行き詰まってしまう。

経営トップや経営企画部門は、各部門に対して、何をすべきか（What）を伝えるだけでなく、なぜそれをするべきなのか（Why）などを丁寧に伝える必要がある。日常業務とはレベルが違う内容を一回伝達するだけではなかなか伝わらないので、しつこいくらい繰り返し伝えると良いだろう。

この経営戦略を伝える作業は、もちろん企画部門・部門責任者・中間管理職も行うが、トップが直接現場に伝える機会を持ちたいものである。MBWA（Management By Walking Around）と言われるように、トップが自分の言葉で直接伝える方が、伝達の効果が大きい。

日産に1998年にやってきたカルロス・ゴーンが最初の半年間で行ったのは、現場の従業員との対話だった。自分は経営についてどう考え、現場で何が起きているのかを話し合ったことで、その後の大規模なリストラ、戦略転換を可能にした。

(2) バランスト・スコアカード

戦略を組織に浸透させ、事業活動を統制するツールとして、**バランスト・スコアカード**（Balanced Scorecard、以下BSCと略す）を導入する企業が増えている。BSCとは、キャプランとノートンが1992年に開発した業績評価システムである。

従来アメリカ企業では、ROE（当期純利益÷自己資本）を使って事業管

理をしたデュポンに代表されるように（ROEを財務レバレッジ・総資産回転率・売上高利益率に分解して管理する方法をデュポンシステムと呼ぶ）、少数の財務指標による業績評価が行われていた。

　しかし、複雑化・多様化した現代企業を少数の指標で統制するのは困難である。人間は評価を意識して行動を変えるので、結果として計算される財務指標よりも、従業員の直接の行動に繋がる原因レベルの指標も欲しいところである。また、ITの発達によって、多数の指標を使って管理することが技術的・コスト的に容易になった。

　こうした背景を踏まえ、BSCは、財務指標だけでなく、その原因となる要因も含めて、多数の指標を管理することによって、全社の統制を取って経営戦略の実現を目指すものである。

　標準的なBSCでは、まず次の4つの視点を設定する。

①**財務**……株主や従業員などの利害関係者の期待に応え、企業業績として財務的に成功するためにどう行動すべきかという視点
②**顧客**……ビジョン・目標を達成するために、顧客に対してどのように行動すべきかという視点
③**ビジネスプロセス**……財務的目標の達成や顧客満足度を向上させるために、いかに優れた業務プロセスを構築するかという視点
④**学習**……ビジョン・目標を達成するために組織や個人として、どのように能力向上を図るかという視点

　続いて、目指すビジョン・戦略との繋がりを明確にして、4つの視点について多数の評価指標（KPI、Key Performance Indicator）を設定する。そして、PDCAを回して、KPIを総合的に管理する。

　なお、これら4つの視点には、④学習と成長の視点が改善すると、成長した従業員が③ビジネスプロセスの視点を改善し、それによって顧客満足が高まるので、②顧客視点が改善し、売上高・利益が増えて最終的に①財

務視点が改善する、という因果関係（④→③→②→①）が想定されている。

図表 6-6 は、ある中堅食品スーパーで作成・実施した BSC の抜粋である（実物は、KPI を部門ごと、店舗ごとに細かく設定している）。

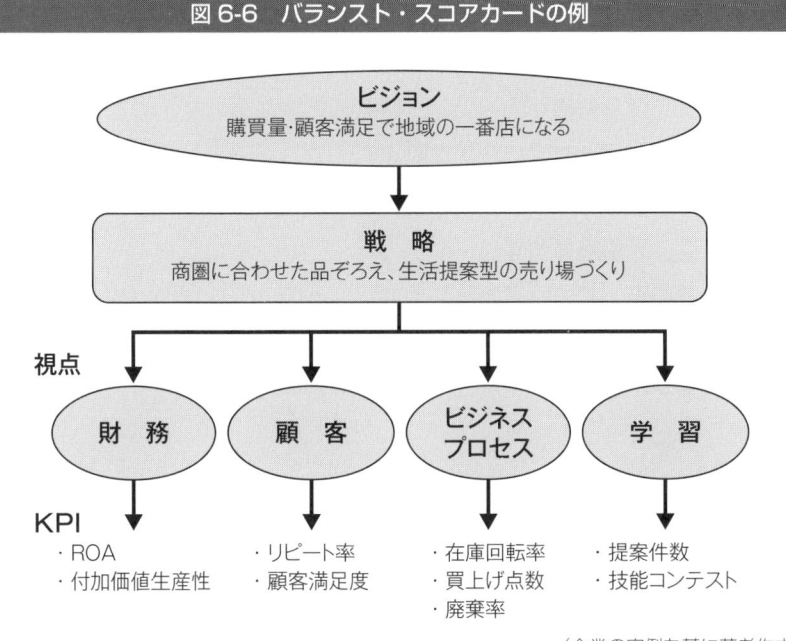

図 6-6　バランスト・スコアカードの例

ビジョン
購買量・顧客満足で地域の一番店になる

戦　略
商圏に合わせた品ぞろえ、生活提案型の売り場づくり

視点

| 財　務 | 顧　客 | ビジネスプロセス | 学　習 |

KPI
- 財務：ROA、付加価値生産性
- 顧客：リピート率、顧客満足度
- ビジネスプロセス：在庫回転率、買上げ点数、廃棄率
- 学習：提案件数、技能コンテスト

（企業の実例を基に著者作成）

2000 年代以降、日本でも BSC を導入し、経営戦略の浸透に役立てる企業が増えている。ただ、大掛かりな BSC システムを構築したが、あまり使いこなせていないことも珍しくない。たくさんの指標を使って現場管理をする中間管理職の負担増も馬鹿にならない。BSC 導入を成功させるには、自社の経営戦略と企業規模などに見合った、現実的かつシンプルなものにすると良いだろう。

（3）リーダーがリスクを引き受ける

BSC のような管理ツールは、とくに大規模な組織では大きな助けになる。

ただ、それだけで経営戦略が現場に浸透し、成果を実現できるわけではない。経営戦略の実行の2つ目の大きなポイントは、リーダーがリスクを取って戦略を実行することである。

経営戦略は今までにない新しいことをするので、リスク（不確実性）を伴う。現状を打破する画期的な経営戦略であるほど、リスクが大きい。うまく行けば会社が大きく発展するが、失敗すると会社が傾いてしまう。人間はリスクを嫌う習性があるので、戦略の転換が必要だとわかっていても、リスクを恐れ、リスクの小さいこれまでのやり方に固執する。とくに、オペレーションを担う現場の一般従業員は、これまでのやり方を変えてリスクを取ることを躊躇しやすい。

この状況を変えて、経営戦略を前進させるのは、現場のリーダー・部門責任者の役割である。リーダーがビジョンとやるべきことを示し、先頭に立って変革を主導すると、メンバーは安心してリスクを取って、新しい戦略に取り組むようになる。

そのためには、まず、組織として現場のリーダーの役割を明示する必要がある。本来、現場で発生する例外的な事態を処理するのが現場のリーダーの役割だが、それだけでなく、戦略導入に伴う変革を主導する役割もあることを伝える。

次に、現場のリーダーに権限を与える。どこまでリスクを取って良いものか不安に思うリーダーが多いので、リーダーに可能な限り大きな権限を与える。上層部は、いったん現場のリーダーに権限を与えたら、細かいことに口出しをせず、リーダーに主体的に活動してもらうようにする。

また、こうした新しいタイプのリーダーを育成することも、長期的に重要なテーマである。役割と権限委譲を与えるだけでは、現場のリーダーが満足に変革を主導できるわけではない。使命感を持って取り組むマインドやマネジメントのスキルも必要になる。これらは日常のマネジメントに取り組むだけではなかなか身に付かないので、研修・セミナーなど学習機会を与えると良い。

(4) 期待感・ワクワク感の演出

　最後に、新しい戦略の導入を担うリーダーの役割として強調しておきたいのは、期待感・ワクワク感の演出である。

　今日、多くの企業が経営改革に取り組んでいるが、経営トップが正しい戦略を打ち出し、現場は目標に向かって整然と活動しているのに、なかなか活動が活性化しないことが多い。"笛吹けど踊らず"の状態である。やるべきことはやっているのだが、変革に向けて組織が一丸となって燃える機運、会社が良い方向へ変わっていくことへの期待感・ワクワク感がないのだ。

　経営戦略、とくに戦略計画学派が示した標準的な戦略プロセスでは、現場はどうしても上から与えられる目標・役割に対して受け身になりやすい。間違ったことをしなければ一定の成果は出るのだが、周囲の目から見ても従業員たちにとっても本当に「会社が変わった」と実感できるのは、従業員が経営改革を我がことと捉えて能動的に活動した場合である。

　従業員の能動的な貢献を引き出すために、現場のリーダーは次のようなことを心がけると良いだろう。

①最終的なゴールを短期の小さな目標に分けて、マイルストーンを示す。遠大な目標だとなかなかやる気にならないが、小さな目標を示すことによって、成果実現の可能性が見えてきて、取り組みが活発化する。
②メンバーの自発的な活動を推奨し、ミスを許容する。リーダーがこと細かく作業内容を指示するのではなく、メンバーに創意工夫する余地を与える。当然、新しい取り組みではミスをすることがあるが、リーダーがミスを許容することで、自発的に活動する機運が生まれる。
③メンバー同士を競わせる。身近なところに競い合う仲間がいると、現実的目標ができて勝利を目指して活発に活動するようになる。できれば、競い合いの中に遊び・ゲームの要素を入れると良いだろう。

④活動やその成果をタイムリーにフィードバックする。とくにリーダーから肯定的なフィードバックを受けることによって、メンバーは、新しい取り組みが正しかったと確認することができ、より高度な目標に挑戦するようになる。

もちろん、どういう働きかけが必要かは、導入する経営戦略の内容、組織やメンバーの状況などによって大きく異なる。リーダーがどこまで経営戦略のこと、組織のこと、メンバーのことを熟知しているかが問われる。

◆ ケースの解説 ◆

本ケースは、有名な日産自動車の経営改革を描写したものである。

日産の経営改革は、座間工場の閉鎖や系列破壊に代表されるように、日本的な雇用・取引の慣行を破壊した大リストラといわれる。カルロス・ゴーンの強烈なリーダーシップも相まって、黒船の外圧による改革という印象が強い。

ただ、その内側を見ると、破れかぶれで一か八かの賭けに出たというより、本章で紹介した考え方・プロセスに沿って、着実に改革を進めたという面もありそうだ。

まず、ゴーンは明確な経営方針・ビジョンを設定し、成果実現まで終始その姿勢を貫いた。経営方針・ビジョンを作りっぱなしでなく、現場との対話を通して、地道に浸透させた。それによって、会社全体で変革への意識が高まり、困難な改革に前向きに取り組むようになった。同時に、ゴーンは改革を主導する上での従業員からの信頼を獲得することができた。

組織・実行面では、経営改革を上から進めるのではなく、クロスファンクショナル・チームを編成して、従業員の自発的な活動を促進した。これによって、さすがにワクワク感まではなかったかもしれないが、「いまやらねば」という切迫した意識、他人ごとでなく我がこととして取り組む意

識を高めることができた

　経営トップが経営改革を叫ぶ企業は多いが、たいていは掛け声倒れに終わる。改革に成功した日産と失敗した他企業を比べると、改革の内容そのものよりも、それをいかに実行するかがカギになることは容易に推察できる。組織全体で熱意を持って計画的かつ地道に取り組むことが大きな経営改革を成功させる最大のポイントになるのではないだろうか。

　もちろん、ゴーンの「答えは会社のなかにある」という言葉に見るように、優秀な人材や売れる車を作る技術があったことが、改革が成功した前提であったことは間違いない。人材や技術を持たない中堅・中小企業が日産と同じやり方で成功する保証はない。また、ゴーン逮捕で絶対的リーダーを失った日産が今後も自律的に改革を進めることができるのか、注目されるところだ。

実践のチェックポイント

- 自社の組織構造は、機能別組織、事業部制組織、マトリクス組織のどれか、あるいはそれ以外か。その組織構造は基本戦略の遂行とマッチしているか。
- 新しい戦略を導入する際、これまでの戦略との違いやリスクなどを勘案し、プロジェクト・チームを取り入れるなど、柔軟かつ現実的な進め方をしているか。過度に組織を変更してメンバーが疲弊してしまう、"組織いじり"になっていないか。
- 戦略の実行に必要な経営資源の調達では、内部調達と外部調達を適切に使い分けているか。とくに、自前主義に囚われず、M&Aや戦略的提携などを柔軟に取り入れているか。
- アウトソーシングやシェアードサービスなど、経営資源の有効活用を促進する工夫の余地があるだろうか。
- 新しい戦略のねらいなどをトップが組織全体に浸透させる努力をして

いるだろうか。
● 戦略を浸透させるために、BSC などのツールを導入する余地があるだろうか。
● 現場のリーダー・部門責任者に役割と権限を与え、能動的に活動させているだろうか。
● リーダーは、メンバーが義務的ではなく、期待感・ワクワク感を持って戦略に取り組むよう、適切なマネジメントを実践しているだろうか。

第7章

経営戦略の今日的課題

　本書の最後に、ここまでの章で触れなかった経営戦略の重要課題を検討する。新規事業開発、事業撤退、M&A、コーポレート・ガバナンスについて、日本企業の現状・課題と対応を考えみよう。

ケース　フィリップス

　近年、パナソニック・ソニー・シャープといった日本の家電メーカーが収益悪化に苦しんでいる。一方、1990年代には日本勢の強力なライバルだったオランダのフィリップス（2013年に社名を「ロイヤル・フィリップス・エレクトロニクス」から「ロイヤル・フィリップス」に変更。ここではフィリップスと略す）は、いち早く競争力を失ったが、いち早く苦境を脱し、復活を遂げている。

　1891年に電球メーカーとして創業したフィリップスは、第2次大戦でナチス・ドイツに工場を接収されるなどの苦難を乗り越え、100年に渡って総合電機として発展してきた。2000年の時点で6つの事業分野があり、全体売上高の44％を家電が、16％を半導体が占めていた。

　家電・半導体など主力事業が1990年代後半以降、急速に競争力を失った。デジタル化で先行する日本勢や低価格で攻勢をかける中国・韓国など東アジア勢との競争が激化し、収益が悪化した。2001年には、26億ユーロ（約3400億円）という巨額の赤字を計上し、存亡の危機に立たされた。

　ここからフィリップスは、クライスターリーCEO（当時）の指揮の下、思い切った経営改革に着手した。まず、総合電機の旗印を降ろし、市場が成熟化・競争が激化した主力事業を大幅に組み替えた。

　かつては「会社の顔」と言われたAV機器の自社生産を中止し、アジア各社へのブランド供与に切り替えた。テレビ事業は台湾企業に、携帯電話事業は中国企業に、オーディオ事業は日本の船井電機に売却し、撤退した。

　拙速な事業撤退は会社の財務や顧客への影響が大きいため、一部の事業では段階的に撤退を進めた。液晶パネルの売却は韓国LG電子ととの共同出資会社という形を取り、全株式売却に10年の歳月をかけた。2006年に分離した半導体事業も、一定比率持ち続け、2010年

全て売却した。

　収益性が低下した主力事業から撤退する一方、先進国で高齢社会が到来していることから、医療機器事業を重点事業と位置づけ、大型M&Aも実施して事業を拡張した。2018年現在医療機器を含むヘルスケア事業は、全体売上高の97%を占め、事実上ヘルスケア専業メーカーに転換している。

　2016年、改革のめどが立った照明事業を分離し、撤退した。照明事業は同社の祖業で、当時、世界シェア1位だった。クライスターリーの後を継いでこの驚きの決断をしたホーテン現CEOは、「切り離すなら事業のピークに近い方が良い」と語っている。

　事業の組み換えとともに、事業プロセスや組織文化も見直した。

　フィリップスは、伝統的に技術部門が強く、商品開発だけでなく、事業運営でも主導権を握っていた。クライスターリーCEOは、マーケティング部門・営業部門に権限委譲をするとともに、開発部門の担当者を営業活動に関与させることにした。

　また、自前主義を改め、顧客企業や外部研究機関と連携して商品快活をするオープン・イノベーションを推進している。

　技術偏重から市場重視へ、安全確実から挑戦へ、内向き思考からオープン思考へ、という変化を経営陣が明確に推奨した結果、この10年間でフィリップスの組織文化は大きく変わった。

　ホーテン現CEOは、「会社に誇りを持っているが、感傷的になってはいけない。必要な決断を先送りしていれば、会社の存在意義は低下する。大きな外科手術に抵抗したり反対する人がいるのは当然だが、それを説得し、改革の必要性を理解してもらうのが経営者の役割だ」と述べている。

　フィリップスの経営改革と復活を受けて、日本の電機メーカーがこれからどう反転攻勢に出るのか、注目されるところだ。

❶ 新規事業開発

（1）ニッポン株式会社の最重要課題

　企業は、さまざまな経営課題に直面する。もちろん、課題の内容は個々の企業によってまちまちだが、日本経済を1つの企業「ニッポン株式会社」と捉えると、最も重要な課題は、新規事業開発になるのではなかろうか。

　戦後復興したニッポン株式会社は、1950年代後半から1970年代前半にかけて高成長を続け、1980年代にはアメリカ企業を凌駕し、世界最強と称賛された。ところが、1990年代以降、台頭した新興国企業や復活したアメリカ企業に押されて失速し、今日、倒産の危機にさらされている。

　世界では、グローバル化・IT化・エネルギー革命といった環境変化を機会と捉えて、次々と新しい事業が生まれている。ところが、ニッポン株式会社にとって、そうした変化は脅威であり、何とか脅威から身を守るのに懸命だった。

　図表7-1のように、日本企業の本業比率（＝本業売上高÷企業全体の売上高）は2000年・平成11年以降急上昇している。ニッポン株式会社は、従来からの本業に特化し、リストラと称するコスト削減や不採算事業の整理によって、何とか延命している状況である。

　本業の強化で向こう5年間は安泰かもしれない。しかし、変化と競争が激しい今日、10年後、20年後の将来像を描くことは難しい。成熟化・衰退化した本業に代わる次代の本業を育てることが、ニッポン株式会社にとって喫緊の課題である。

図表 7-1　本業比率の推移

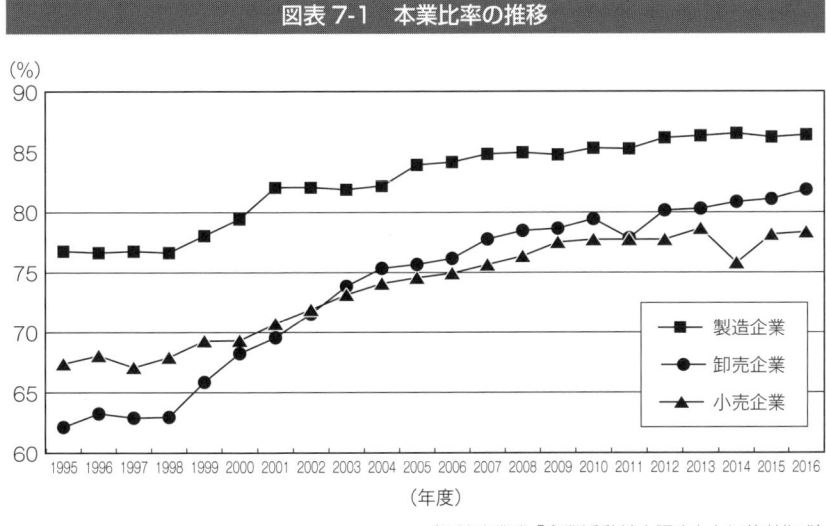

（経済産業省「企業活動基本調査」より著者作成）

（2）なぜ新規事業が生まれないのか

　企業経営者に経営課題の認識を訊ねると、たいてい「新規事業開発は重要なテーマです」という答えが返ってくる。「金も人もかけて、新規事業開発に取り組んでいますよ」という意見を耳にすることも珍しくない。

　しかし、実際に日本では、あまり画期的な新規事業が生まれない。起業も低調で、開業率（＝開業事業所÷全事業所）も４－５％程度と低迷している。日本で優良企業というと、30年前も今もトヨタやキヤノンで、新興国は言うに及ばず、次々と成長企業が生まれるアメリカとも活力の差は歴然としている。

　おそらく、日本企業の経営者にとって、新規事業は「できればやりたい」ことであって、「何が何でも実現したい」ことではないのだろう。経営者は、「新規事業部を作った」「従業員から新規事業のアイデアを募集している」というが、これらが本気の取り組みになっていない。

　新規事業は、実際に取り組むミドル以下の担当者にとっても魅力的では

ない。顧客獲得や事業システムの確立が難しい、リスクが大きい、最初は事業規模が小さい、成果実現に時間がかかる、など既存事業と比べて色々な障害・問題がある。どうしても本来業務で成果の出やすいオペレーションの維持・改善に集中し、困難な追加業務である新規事業への取り組みは後回しになってしまう。

　3Mやリクルートのように、現場の従業員が自発的に創意工夫をして革新的な新規事業を生み出すボトムアップ・アプローチ（第1章の分類で言うと創発型戦略）は、ひとつの理想である。しかし、たいていの企業では、担当部署を作ったり、アイデアを募集したりするだけでは、なかなか新規事業は生まれないのが実態だ。

　つまり、日本企業では、経営トップは組織・制度を作るのがせいぜいで、そこから先、実際に新規事業を作り出すのは現場の役割だと考えている。現場は、日常業務のプラスアルファになる新規事業に取り組まない。こうして、「誰かがいつかやってくれるだろう」と、社内の誰も新規事業を自分の仕事だと思わない無責任体制になっている。

(3) トップダウン・アプローチの確立

　この無責任体制を打破するために必要なのは、トップの責任で計画的に新規事業開発に取り組む、トップダウン・アプローチである。

　トップダウン・アプローチとは、経営トップやトップを補佐する企画部門が企業の目指すべきビジョンやドメインを明らかにし、その新しいビジョン・ドメインに合致する新規事業を開発する方法である。第1章の経営戦略の分類でいうと、戦略計画学派に近い。

　旭化成は、1960年代以降、国内繊維産業の衰退に対応し、1961年に社長に就任した宮崎輝のリーダーシップの下、多角化を進めた。まず、60年代に石油化学を進出、1973年のオイルショックに対応して高機能ケミカルを強化、80年代の半導体革命に対応してエレクトロニクス事業を展開、さらに日本経済の成熟化に対応して"3種の新規"と称する建

材・住宅・医療といった分野にも進出している。

　ブラザーは、1980年代に国内ミシン事業が衰退期に入ったことを受けて、トップ主導のプロジェクトで脱ミシンのビジョンを描き、ファックスなど通信機器、プリンターなど事務機器へと進出した。

　この2社に典型的に見るように、市場の成熟化などで経営戦略が行き詰まった状況を打開できるのは、経営トップである。本業周辺で小粒な新規事業を展開するならボトムアップ・アプローチでも問題ないが、「次代の本業」を作り出すには、トップダウン・アプローチで大胆なリスクテイクするしかない。今日、多くの日本企業で期待されるのは、トップダウン・アプローチによる新規事業開発である。

(4) トップダウン・アプローチのプロセス

　トップダウン・アプローチの標準的なプロセスは以下の通りである。

①推進組織の設置
②経営環境分析
③ビジョン・ドメインの再定義
④事業仮説の形成
⑤事業設計
⑥組織設計・資源調達

　ポイントは、まず、③で自社が目指すべきビジョン・ドメインを再定義することである。ボトムアップアプローチは基本的に事業アイデアありきで、②のあと、あるいは②を飛ばして④の事業仮説の形成に進むことが多い。しかし、トップダウンではその前に企業として進むべき方向性を確認する作業を行う。社内でドメイン・コンセンサスが形成されてから、実際にどのような事業を行うのかという仮説の形成に進む。

　また、このプロセスに経営トップが主体的に関与することも大切だ。経

営者は、新規事業開発を宣言したところで、あるいは、①新規事業開発部やプロジェクト・チームといった推進組織を設置したところで「お役御免」とし、あとは担当組織に任せることが多い。しかし、実際に成果を実現するまで、トップがしっかり関与する必要がある。とくに③は、まさに経営の意思であり、従業員任せにせず、トップが責任を持って考えるべきことである。

2 事業撤退

(1) 次のリスクテイクを阻む不採算事業

　新規事業の創出であれ、競争戦略の転換であれ、今までになかったことに取り組むのには、リスクを伴う。オペレーションを担うミドル以下に大胆なリスクテイクを期待するのは無理があり、経営トップが自らの責任でリスクテイクをする必要がある。では、経営トップはなぜ大胆なリスクテイクができないのだろうか。それは、新規事業や新しい戦略に失敗して、不採算事業を作り出してしまうのが怖いからである。

　新規事業や新戦略に失敗したら、すぐにやめれば良い。ただ現実には、不振が続き、将来の展望もなく、誰の目から見ても撤退すべき事業でも、なかなか撤退できないという状況をよく見受ける。ポーターは、撤退という意思決定を阻害する要因として、6つの**撤退障壁**を指摘した。

①耐久性のある専門特化した資産
　　特定の立地を前提とした資産や特定業種に特化した資産は流動性が低く、撤退のための移転コストが大きくなる。
②撤退コスト
　　労働者への補償、設備撤去費用、契約解除のペナルティ、能力維持費用など、撤退によって直接・間接に費用が発生する。

③戦略的要因

　多角化した企業では、撤退する事業がイメージ、マーケティング能力、資本市場へのアクセス、共用資産などの点で他の事業部門との関係が強い場合、撤退によって企業全体の競争力が低下することがある。

④情報要因

　企業内の他部門との共用資産が多かったり、取引関係が深かったりすると、事業の実態についての情報が掴みにくくなり、撤退判断が難しくなる。

⑤心理的要因

　経営者は特定の事業への愛着、従業員への配慮、自身のキャリアが傷つくことへの恐れ、プライドなどから、撤退を避けようとする。①から④までの要因はそれなりに合理的だが、この心理的要因は非合理的である。

⑥政府や社会の制約

　トップが雇用や地域社会への影響を配慮したり、政府が撤退に対して補償を要求したりする場合、撤退が難しくなる。

　とりわけ日本においてやっかいなのが⑤と⑥だ。経営トップは、自ら立ち上げた「社長プロジェクト」から、プライド・愛着があってなかなか撤退を判断できない。また従業員の雇用に対する配慮も要求される。

　いったん新規事業を始めたら、少々赤字というくらいではなかなか撤退できない。それを熟知している経営トップは、不採算事業を作らないように新規事業の意思決定を厳格にする。担当者に「絶対大丈夫だと証明できるのか？」と詰問し、できる限り蛇口を閉めようとする。

　しかし、新規事業は不確実性への挑戦（リスクテイク）であり、「絶対大丈夫」であるはずがない。押し問答の末に辛うじて生まれるのは、失敗こそしないが、大きな成功もない、本業周辺の小粒な事業である。"少産少死"になってしまう。つまり、日本企業が新規事業開発で大胆なリスクテイクをできないのは、事業撤退ができないからである。

　好対照なのが、ネット広告のサイバーエージェントである。サイバーエー

ジェントでは、新入社員でも新規事業を提案することができ、不成功が明らかでない限り提案が認められ、提案者が子会社社長として事業化に取り組むことができる。ただ、撤退基準があり、一定期間内に売上高・売上総利益の基準を満たさないと容赦なく撤退の判断が下される。典型的な"多産多死"である。

　サイバーエージェントのように、「これだ！」と思う新規事業をとにかく始めてみて、ダメだとわかったらスパッと撤退できる企業がある。こうした企業は、見込みのない事業・戦略を続けて不採算事業の山を築く心配がないので、思い切ったリスクテイクができるのだ。先ほど検討した新規事業開発と事業撤退は密接に繋がっており、「事業撤退がうまい企業は、新規事業開発もうまい」という関係が成り立つといえよう。

（2）戦略的事業撤退

　一般に、事業撤退には、以下の４つの動機がある。

①需要減退による撤退

　産業が衰退期に入って需要が減退し、事業を維持発展させるのに十分な販売が確保できない場合、事業撤退を決断しなければならない。これは長期的に見てよく起こる撤退である。1980年代には一世を風靡したポケベルが携帯電話によって駆逐されたのは、典型的な例である。

②競争に敗れての撤退

　需要は存在しても、産業内で優位な競争的地位を確保できず、十分な収益を得ることができない場合、撤退が必要になる。これは、需要減退と同様に、日常的によく見られる撤退である。NEC・日立といった日本の携帯電話メーカーは、アップルのiPhoneやサムソンのGalaxyとの競争に敗れて、2013年に相次いで事業撤退を決めた。

③事業ドメイン構築のための戦略的撤退

　需要も競争力もあるが、事業ドメインを構築するために戦略的に撤退す

る場合がある。味の素は2012年、子会社で清涼飲料事業を行うカルピスをアサヒグループホールディングスに売却した。伊藤社長は「競争力を持って世界展開を進めるため、調味料や先端バイオなどに経営資源を集中させる必要があった」と理由を説明している。調味料やバイオを中心としたドメインを構築するための戦略的撤退だったことが伺える。

④事業使命の終了などその他の理由による撤退

事業の使命が完遂されたと判断した場合、オーナー企業の経営者が経営意欲を喪失した場合など、事業から撤退することがある。大きな建設プロジェクトでは、複数の建設会社がJV（Joint Venture、共同企業体）を組んで事業を進め、プロジェクトが終了したらJVを解散することがよく行われる。

図表7-1を見ると、「日本企業でも事業撤退が進んでいるのでは？」という反論があろう。たしかに、1990年代後半から、日本企業は「選択と集中」あるいは「リストラ」を進めてきたが、内容を見ると、耐え切れなくなりやむなく②を実施したのが大半で、味の素のように、グローバル競争を意識して③戦略的事業撤退を推進した企業は例外的である。

（3）一般的な撤退意思決定とその問題点

では、事業撤退を実際にどう意思決定するべきだろうか。一般によく言われるのは、次の4つである。

①所属する市場が衰退期に入ったら撤退する。
②市場でのシェアが1位か2位を見込める事業は残し、3位以下の事業からは撤退する。
③ROEやEVA（Economic Value Added、経済付加価値）といった収益性指標で基準を設けて、基準値を下回る事業から撤退する。
④PPMで「負け犬」の事業からは撤退する。

なお、②はGEのCEOジャック・ウェルチが1980年代に大リストラを敢行したとき、ドラッカーのアドバイスから着想した有名な基準である。③が4つの中で最も一般的で、GEが「ROE20%」という基準を設けたことはとりわけ有名である。④のPPMもGEがボストン・コンサルティングに依頼して開発した技法である。事業の取捨選択という重要課題についてGEが果たした役割は大きいといえよう。

　ただし、世界的な超優良企業GEが実践しているから正しいとは限らない。①については、成熟期で他社が撤退した結果、安定した利益を確保できる「幸せな老後」が訪れることがあり、拙速な撤退は好ましくない場合がある。②と③については、これから伸びる新規事業の芽を摘んでしまう可能性がある。④については、P49でも指摘した通り、シナジーや補完効果など考慮すべき点が他にもたくさんあり、PPMだけでは撤退の是非を判断できない。

　1970年代のGEの場合、伝統的なビジネスが競争力を失い、生き残りのためにとにかく事業撤退を進める必要があった。また、大小300の事業から撤退し、20万人の従業員を解雇してなお存続できる巨大な経営資源を持っていたという特殊な事情も忘れてならない。つまり、理論的にも、現実的にも、GEが実践した①〜④をそのまま真似るのは問題がありそうだ。

(4) 定量的意思決定

　1990年代後半以降、多角的に事業展開している総合商社など、②③のような定量的な要因に基づく撤退基準を設ける企業が増えている。

　しかし、シェアや利益率で決定するのは、理論的に間違っている。管理会計の考えでは、事業が儲かっているかどうかでなく、撤退という意思決定によって発生する関連収益・関連原価のキャッシュフロー（CF）の大きさによって決まってくる。

図表 7-2 撤退のメリット・デメリット

【撤退のメリット】

① 事業売却収入	事業の売却、精算による資産売却の売却収入
②（CFがマイナスの事業から徹底する場合）キャッシュアウトフローの現在価値	撤退事業の今後のCFがマイナスである場合、撤退によって現金流出がなくなる。将来のキャッシュアウト・フローを適正な資本コストで現在価値に引き直す。
③ 残された事業へのプラス影響	不採算事業がなくなることで企業イメージが上がったり、経営資源の集中投入によるメリットが得られたりする。このプラス影響によるCF増加分を現在価値に引き直す。

【撤退のデメリット】

④ 撤退費用	撤退に伴い直接・間接に発生する費用。設備の撤去費用、従業員退職金の割り増し部分、契約解除の違約金など。
⑤（CFがプラスの事業から撤退する場合）キャッシュイン・フローの現在価値	②とは逆に撤退する事業の今後のCFがプラスの場合、撤退によって現金流入がなくなる。将来のキャッシュイン・フローを適正な資本コストで現在価値に引き直す。
⑥ 残された事業へのマイナス影響	共通する顧客にセットを条件に販売している場合、共通する仕入先から大量仕入れによる値引きを享受している場合などは、撤退によって残された事業部門のCFが減少する。この減少分を現在価値に引き直す。

(日沖『戦略的事業撤退の実務』)

つまり、図表7-2のように、撤退という意思決定によって①②③のようなメリットがある一方、④⑤⑥のようなデメリットがある。それぞれを定量化し、メリットとデメリットを合計し、以下のように判断する。

メリット ＞ デメリット → 撤退する
メリット ＜ デメリット → 撤退しない

ガソリンスタンドのように、損益は赤字でも、地下タンクを原状回復するための撤退費用が大きい場合、撤退しない方が得策ということはありう

る。逆に、黒字の事業でも、撤退するべきという判断になることがあるわけだ。

（5）定量的要因と定性的要因を総合する

さらに考えると、事業撤退を定量的要因だけによって判断して良いものか、大いに疑問だ。本当に定量的な撤退基準を決めてそれを実行することで良いなら、経営者などいらないという話しになってくる。

日本企業では、1円でも黒字が出ていたら撤退しないのが普通だが、「赤字でないこと」と「グローバルな競争力があること」は、必ずしも一致しない。自社がどのような顧客にどう貢献したいのか、自社がグローバル競争の中でどういうポジションを獲得したいのか、といった点を明確にし、それらに貢献できない戦略的に不要な事業は、たとえ黒字であっても撤退するという判断が考えられる。先ほど P192 の分類でいうと、目指すビジョン・ドメインに合致しない事業からは撤退する③戦略的撤退である。

図表 7-3　撤退の意思決定

		ビジョン・ドメイン	
		合致する	合致しない
企業価値	減少する	A 撤退しない	B ？
	増加する	C ？	D 撤退する

（日沖『戦略的事業撤退の実務』）

つまり、定量的要因と定性的要因のどちらかに偏るのではなく、両者をバランスさせることが重要である。実際の意思決定では、撤退によって企業価値が減少・増加するか（定量的要因）、その事業が目指すビジョン・ドメインに合致しているか（定性的要因）、という2つを図表7-3のようにマトリクスにして検討すると良いだろう。

Aは、撤退すると企業価値が減少してしまうし、目指すビジョン・ドメインに合致した事業なので、撤退しない。Dは、撤退すると企業価値が増加するし、目指すビジョン・ドメインに合致していない事業なので、撤退する。AとDは迷う余地はない。

議論が分かれるのは、BとCの事業である。撤退すると企業価値が減少してしまうが、目指すビジョン・ドメインには合致しないB。撤退すれば企業価値が増加するが、目指すビジョン・ドメインに合致するC。このBとCをどうするかは、まさに企業・経営者の基本姿勢に関わることである。

株主に対して大きなリターンを提供することや事業の存続を最重要視するなら、Bからは撤退すべきでなく、Cからは撤退するべきだ。社会・顧客に対して独自の価値を提供することを最重要視するなら、Bからは撤退するべきだが、Cからは撤退するべきない。まさに経営者が考え抜くべきことであり、正解のない話である。

なお、先ほどシェアや利益率をベースにした定量的な撤退基準は理論的に誤っていると述べたが、撤退基準を持たなくてもよいということではない。撤退基準を持たない企業は、事業のあり方について考えるきっかけがないので（本来は、中期経営計画がその役割を担っているはずだが、形骸化している）、本来撤退すべき事業を漫然と継続してしまうことになりやすい。撤退基準を持つことによって、定期的な事業のモニタリングを強制することができる。定量的な撤退基準を杓子定規に当てはめてはいけないが、撤退基準を持って事業のあり方について考える習慣を付けることは重要である。

③ M&A

(1) M&Aが戦略オプションに

近年、M&Aが企業経営の重要な検討事項になっている。

図表7-4の通り、2005～2007年、日本ではM&Aが急増し、「第3次M&Aブーム」と言われた。2008年のリーマンショック後、一時的に減少したものの、2017年、2018年と再び過去最多を更新している。新日鉄と住友金属、JXと東燃ゼネラルなど、少し以前なら天地がひっくり返るような大騒ぎになったであろう超大手企業同士の合併が、当たり前のように行われている。M&Aはすっかり企業の戦略オプションとして定着した感がある。

日本だけでなく、世界的にM&Aの動きが加速している。インドのミッタル・スチールは、M＆Aを繰り返して短期間で世界一の鉄鋼メーカーに

図表7-4　新聞紙上で確認されたM＆Aの実施件数

（レコフ調査）

登り詰めた。ライバルがM&Aを繰り返して巨大化する以上、日本企業がグローバル市場で戦う上で、否応なしにM&Aとどう向き合うかを考えざるを得ない。

(2) M&Aのメリット・デメリット

このように、M&Aへの取り組みが当然視される今日だが、M&Aの効果がきちんと検証されているわけではない。過去のさまざなま実証研究によると、M&Aの5～7割は逆に企業価値を減少させてしまうという。

企業価値が100のA社と同じく100のB社が合併して200のAB社が誕生するだけなら、このM&Aは何の価値も生み出しておらず、成功でも失敗でもない。AB社の企業価値が250とかに増えれば成功、逆に150とかに減少すれば失敗である。研究によると、後者の場合が多いのである。

M&Aが企業価値を高めないのは、よく喧伝されるM&Aのメリットの他に、デメリットがあり、一般にデメリットが上回ることの方が大きいということだ。

M&Aのメリットは、シナジー効果や規模の経済性である。シナジー効果は、重複する部門を統廃合するなど、両社の経営資源を効率的に活用することで実現する。規模の経済性は、仕入ロットの大型化などによるコスト削減がある。

一方、M&Aのデメリットには、**規模の不経済性**がある。大規模化した複雑な組織を運営するための調整コストが高まり、返って非効率になる。また、異なる組織文化やビジネス・プロセスを統合することによる摩擦などもある。

M&Aでは、こうしたメリットとデメリットを勘案し、メリットの方が上回るならば統合すれば良いということになる。

（3）メリットは見える、デメリットは見えない

　しかし、過半数のM&Aが企業価値の増殖という点で失敗している事実から推測されるとおり、この当たり前の理屈を貫徹するのがなかなか難しい。これには、大きく2つ理由がある。

　1つは、M&Aによる経営統合を検討する段階では、デメリットがわかりにくいからである。メリットの方は、「経営統合によって重複する管理部門の500人は必要なくなるから、人件費を年間50億円減らせる」などと、事前にかなり正確に予想できる。しかし、2002年のみずほの経営統合で大規模なシステムトラブルが発生したように、どのようなデメリットが発生するかは、なかなか予測しにくい。わかりやすいメリットだけに目が行き、統合効果を過大評価することになりがちだ。

　もう1つは、1点目とも関連するが、経営統合を進める側は、どうしてもTOBや買収の価格を高く算定してしまうことだ。メリット・デメリットともに将来の予測であり、統合効果はちょっとした見方の違いで大きくも小さくもなる。「どうしても経営統合（買収）を実現したい」と考えるとき、予測が楽観的になり、結果的に高値掴みをしてしまう。高値で買収すると、それを上回る経営統合効果を実現するのは難しくなる。

（4）M&Aで企業価値を高めるには

　したがって、M&Aで企業価値を高めるには、①不当に高く買わないようにする、②統合のメリットを最大化する、③統合による調整コストを低下させる、といった観点から対策を考える必要がある。

　まず、①については、自分から「買いたい」と名乗り出るのではなく、相手から「買ってください」と頼み込んでくるのを待つことだ。自分から「買いたい」と名乗り出ると、経営者によほどの自制心がない限り高値掴みになってしまう。日本電産のように、経営不振の企業をM&Aによって取り込むのが合理的である。

ただし、経営不振の企業は、資産内容が劣化していたり、経営者に問題があったりして、安いが中身もない、リスクが大きい、という場合が多い。経営者の問題などによって一時的に経営不振だが、人材・技術など経営資源には光るものがある、というのが条件である。

次に②については、規模の経済性を実現しやすい相手を選ぶことだ。鉄鋼・石油といった装置産業は各社ごとの製品が差別化されておらず、製造工程も似通っているので、規模の経済性を実現しやすい。一方、製品が差別化されている業種・企業は、規模の経済性を実現しにくい。

最後に③については、2つ考え方がある。1つは、あまり高度な調整を必要としない相手を選ぶことだ。当然ながら、組織文化やビジネスプロセスが大きく違うと、調整のためのコストが高まる。組織文化もビジネスプロセスも、「同じ業界だったらだいたい同じだろう」とは言い切れないところがある。よく似た相手を選ぶことで、調整コストが小さくなる。

最近は、組織文化やビジネスプロセスが異なる企業を統合させる場合、持ち株会社を作って、その傘下に元の会社をそのまま存続させる方法を採ることが多いようだ。たしかに、この方法によって調整コストは低下するのだが、肝心の統合メリットの方も限られる。メリットもデメリットもないならば、会社の株主が変わるだけのことで、何のための経営統合なのか、という話になる。

もう1つは、上手な統合作業（PMI）によって調整コストを最小化することだ。「対等合併」を重視する日本では、2社がよく話し合ってお互いの良いところを残していこう、という進め方をするところがあるが、こういう民主的なやり方はたいてい失敗する。お互いに自分のビジネス・プロセスが最良だと思っているので、話し合いはなかなか進まず、結局「人事制度はA社に合わせたから、会計制度はB社にしよう」などという妥協に陥りがちだ。そうではなく、多少の間違いには目をつむって、主導権を握った企業がやや強引なくらいスピーディに進めた方がうまく行くようだ。

当然、自分のやり方を否定される側は敗北感・服従感を味わい、統合作

業に抵抗するかもしれない。そうした混乱を避けるためには、①で述べたように、経営不振の企業が「何でもおたくのいう通りにしますから、救済してください」と言ってくるのが理想なのである。

　以上をまとめると、自社と相手が装置産業など規模の重要な業界に所属し、組織風土やビジネスプロセスが似ている、という企業による救済型によるM&Aでは、統合の成果を実現しやすい。そうでない場合、本当に経営統合に意味があるのか、しっかり見極める必要があるだろう。

(5) 何のためのM&Aか

　M&Aによって企業価値を高めるのが難しいとなると、そもそも企業は何のためにM&Aをするのか、という素朴な疑問が生まれる。「成果実現が難しいだけで、企業価値を高めるためでしょ？」という見方は正しくない。実は、M&Aの目的には色々な考え方があり、学問的にも十分に解明されていないのである。

　代表的なM&Aの動機としては、以下がある。

①生産・流通コストの削減
②財務的動機
③市場支配力の獲得
④非能率的な経営の排除
⑤評価差の発生
⑥経営者動機

　このうち、②は、資本コストの低下や税金の回避などである。⑤は、実態よりも市場で低く評価されている企業を買収し、評価差益の獲得を目指すものである。最後の⑥は、より大きな企業で権力を振るいたい、経営者の地位を安定させたいといった経営者の欲望によるもので、他の動機と違って経済合理的な動機とはいえない。

このうち、①から⑤は経済的な価値をもたらし、とくに①から④は企業価値を向上させる。ただ、現実にはM&Aによって企業価値がなかなか向上しない。となると、経営者は、企業価値が高まらないことに気づかずM&Aに突き進むほど無能なのだろうか、あるいは⑥の経営者動機、つまり私利私欲でM&Aを行っているのだろうか？

この疑問に対して、清水剛は、『合併行動と企業の寿命』（有斐閣, 2010）で明快な回答を示している。清水の結論は、「M&Aは、企業が生き延びることを目的に行われ、実際にM&Aによって企業は寿命を延ばすことができる」というものである。つまりM&Aの7番目の動機として「企業の延命」があり、日本企業のM&Aの多くはこの目的のために行われることが多いというものだ。

みずほや三井住友銀行などメガバンク誕生の際には、よく「Too big to fail（大きすぎて潰せない）」という言葉が使われた。M&Aによって規模を大きくしてしまえば、倒産した場合の社会的な影響が大きいので、政府も簡単に見捨てなくなるだろう、という意味である。新興企業やトヨタ・キヤノンといった優良企業はM&Aと距離を置き、鉄鋼・石油・製紙などといった成熟産業で近年M&Aが繰り返されている現状からも、清水の指摘は的を射ているように思う。

ここから先は、「企業を延命させることにどれだけ意味があるのか？」という企業の戦略を超える議論になる。企業の延命には、雇用の確保、地域社会の維持といったメリットはあるし、逆に新しい産業への人・金のシフトを遅らせるというデメリットがあり、簡単には判断できない。個人的には、競争力を失った企業がM&Aによっていたずらに延命するよりも、新しい産業に人・金をシフトさせる方が、日本経済の復活のためには重要だと考える。

（6）手段としてのM&A

ここまで、近年のM&Aブームに対してかなり批判的なことを書いてき

たが、では、M&Aなんてなくても良いかというと、そうではない。逆に、日本企業はM&Aに対してあまりに消極的であり、もっともっと積極的に活用するべきだと思う。

問題は、M&Aの目的である。延命のための合併、あるいは規模拡大だけを目指した買収は、M&Aそれ自体が自己目的化しており、あまり意味がない。しかし、経営戦略を実現するための手段としてのM&Aは、もっと多用されるべきだと思う。

手段としてのM&Aとは、入手困難な経営資源を取得したり、参入規制を突破したりするものである。P168で紹介したソフトバンクによるボーダフォンの買収は、ナンバーポータビリティ導入という携帯電話業界の激動期を前に事業参入に必要なネットワークと免許などを入手するものであり、経営戦略として合理的なM&Aの活用といえる。

日本企業にM&Aがすっかり定着した今日だからこそ、M&Aとどう向き合っていくべきなのか、徹底した議論が期待される。

4 コーポレート・ガバナンス

(1) コーポレート・ガバナンスとは

企業の戦略的意思決定について考える上で、近年**コーポレート・ガバナンス**（corporate governance、以下、「ガバナンス」と略す）が重要テーマになっている。よく「企業統治」という訳語が充てられる通り、ガバナンスは適正かつ効率的な企業活動が行われるよう企業をいかに統治するか、という課題である。

ガバナンスという用語が使われるようになったのは1960年代以降のことだが、古くバーリ＝ミーンズが『近代株式会社と私有財産』（1932年）の中で、**経営者支配**というガバナンスの問題を提起している。次のような議論である。

企業が発展し大規模化すると、事業運営に巨額の資本が必要になる。巨額の資本を個人のオーナーから調達するのは難しいので、企業は株式を公開し、広く資本を集めるようになる。すると、資金力のある機関投資家が大株主になり、しかも筆頭株主でも10％足らずしか持たない状態、いわゆる所有の分散が進む。

企業の資本が小規模な段階では、大株主である創業者やその同族メンバーが経営者を務めることが多い（オーナー社長）。しかし、所有の分散が進んで彼らの持ち分が低下すると、オーナー社長である理由がなくなり、経営管理の専門スキルを持つ専門経営者を雇うようになる（サラリーマン社長）。株主と経営者が別になることを**所有と経営の分離**という。

この状況で、機関投資家など株主は、それぞれ小さな持ち分しか持たないので、経営に関与するのが難しくなる。企業の業績が悪化したとき、経営者に経営改革を迫ったり、経営者を交代させようとしたりしても、なかなか他の株主と結託できないからだ。サラリーマン社長は、株主からの圧力を受けず、事実上会社を自由に支配する存在となる。これが経営者支配である。経営者支配の状況では、株主によるチェック機能が働かず、非効率な経営が放置されるという問題が生じやすい。

つまり、ガバナンスとは、所有と経営の分離によって生まれた経営者支配の状況で、経営者に株主価値向上という本来の役割を果たしてもらうよう、どのように経営者を規律付けるか、というのが元々のテーマである。

（2）エンロン事件とアメリカのガバナンス改革

企業の所有者である株主の価値向上に向けて努力するよう経営者を規律付けるという元々のガバナンスが最も高度に発達したのが、アメリカである。1970年代に401kによる年金拠出プランが出現し、年金資金の運用委託先である機関投資家の発言力が強まった。1980年代に、機関投資家からの要望に基づき、**社外取締役**を導入する企業が増えた。それ以降今日に至るまで、アメリカ企業では、経営の執行と監視を分離させ、社外

取締役が多数を占める取締役会が経営者を監視し、経営者の非効率な経営や暴走を阻止する仕組みになっている。

　ただし、世界最高のガバナンス体制を構築したはずのアメリカでも、過去たびたびガバナンスを巡る事件・不祥事が発生している。中でも衝撃とその後の影響が最も大きかったのは、2001年に起きたエンロン事件である。

　エンロンは、1985年に複数のエネルギー企業が合併して誕生した。ケネス・レイCEOの強力なリーダーシップの下、エネルギー業界の規制緩和の機会を捉えて、ブロードバンドビジネスや天候デリバティブ取引を手がけ、1990年代に急成長した。ところが、その陰で投資家の成長期待を維持するため、1990年代初めから不正取引や簿外債務の隠蔽など不正経理に手を染めていた。2001年10月、それらが明るみに出て、エンロンの株価は暴落し、2001年末に同社は破産宣告・倒産した。

　エンロンの取締役会は、テキサス州立大学の学長など著名人の社外取締役によって構成され、アメリカでも有数のガバナンス優良企業だと高く評価されていた。しかし、内実は、社外取締役はお飾りで、レイら経営陣となれ合っていた。また、不正取引・不正経理を正すべき会計監査法人アンダーセンは、エンロンでのコンサルティング業務を拡大するために逆に積極的に不正に加担していた。

　エンロン事件を受けて、2002年7月に上場企業会計改革および投資家保護法（通称、SOX法）が制定された。この法律は、投資家保護のため、財務報告プロセスの厳格化と規制の法制化を目的としたもので、監査の独立性強化、ガバナンスの改革、情報開示の強化、説明責任など様々な規定がされている。

（3）日本型ガバナンスの崩壊と改革

　日本でも、1990年代半ば以降、ガバナンスが意識されるようになっている。

1980年代までの日本企業では、株式持ち合いが広範に行われていたこと、業績が好調で株主が株価上昇に満足していたことなどから、ガバナンスはあまり注目されなかった。当時、アメリカ型のガバナンスの仕組みを採用している企業は少なかったが、①メイン銀行による融資取引を通した日常的な監視、②労働組合との団体交渉、組合幹部と経営陣の人的交流、③監督官庁からの監督・指導などが経営者に一定の規律をもたらしていた。

ところが、バブルが崩壊した1991年頃を境に、状況が一変した。①銀行は不良債権問題によって体力が低下した。②労働組合は組織率が低下した。③監督官庁は行政改革で権限が縮小した。こうした変化から、銀行・労働組合・監督官庁は企業のガバナンスに関与する余裕・影響力を失った。日本独特のガバナンスは一気に崩壊し、ガバナンス不在というべき状況になったのである。

1990年代半ば以降、日本企業では総会屋への利益供与、不正経理、リコール隠し、食品表示偽装問題といった不祥事が続発した。同じ時期、日本企業への株式投資のパフォーマンスが悪化したこともあって、ガバナンス改革の必要性が叫ばれるようになった。

2000年以降、日本企業でもガバナンス改革の動きが加速している。執行役員制を取り入れ、経営方針の決定・監督を担う取締役と業務遂行を担う執行役員を分離する動きが広がった（日本で最初に執行役員を導入したのは1997年のソニー）。取締役に社外取締役を起用する企業も増加した。さらに、2011年にオリンパスで大規模な不正取引・不正経理が発生した事件を受けて、社外取締役の義務化が議論された。

また、2008年にアメリカ企業改革法の日本版であるJ-SOX法が施行された（J-SOX法という法律ができたわけでなく、金融商品取引法の一部の規定を指す）。J-SOX法によって、業務の有効性・効率性、財務報告の信頼性、法令順守をレベルアップさせるための**内部統制**の強化が義務付けられた。

世界には、労働組合の代表が経営決定機関のメンバーに入るドイツのや

り方など、色々なガバナンスのスタイルがある。ただ、全般的に上記の改革は、1990年代にアメリカ型グローバル経営が強調されたこともあって、アメリカ型の株主主体のガバナンスを取り入れる動きであったといえよう。

（4）社外取締役の限界

しかし、アメリカ型のガバナンスを導入すれば、"一件落着"なのだろうか。現在、日本企業は2000年以降取り組んできたアメリカ型ガバナンスを消化・定着させる段階にあり、社外取締役の導入が進められている。しかし、社外取締役はガバナンス問題の切り札になるのだろうか。

内部昇進の取締役だけで内輪の論理で経営するよりも、社外取締役や社外専門家による委員会を導入した方が良いことは間違いない。導入していない企業は、即刻導入するべきだ。

ただし、社外取締役を「救世主」と崇め、社外取締役の導入でガバナンス問題が一件落着すると考えるのは、あまりにも楽観的・短絡的である。

まず、業界や企業の実態を知らない門外漢の社外取締役が、月に1度取締役会に顔を出すくらいで実効性のある経営監視を担うのは、物理的に不可能だ。企業が意図的に不正を働くような場合、社外取締役はまったく無力である。

そもそも、社外取締役を実質的に選ぶのは経営者であるから（法的には株主総会で選任されるが、経営者が提案する候補者を形式的に承認するだけ）、経営者に耳の痛いことを直言するうるさ型の社外取締役が選ばれることは考えにくい。

社外取締役がいたエンロンやオリンパス、日産でも不祥事が起こった。これらの事実からわかるように、社外取締役はガバナンスの「救世主」でも何でもなく、「いないよりはマシ」という程度の存在であろう。

（5）実効性のあるガバナンスに向けて

では、実効性のあるガバナンスの仕組みとは、どのようなものか。"ガ

バナンス最先進国"のアメリカでも不祥事が続発しているのだから、世界のガバナンスの最新動向を追いかけることに、それほど大きな価値があるとは思えない。それよりも、当たり前の原理原則に基づいて対策を考えるべきであろう。

複雑化・多元化・専門化・流動化した現代企業を監視する上での当たり前の原則とは、以下のようなものである。

①内部情報を持たない外部の利害関係者よりも、内部情報を持つ内部の利害関係者がガバナンスを担う
②特定・少数の利害関係者よりも、不特定・多数の利害関係者がガバナンスを担う
③企業に対し大きな利害を持たない利害関係者よりも、大きな利害を持つ関係者がガバナンスを担う
④不定期で監視するよりも、日常的に監視する
⑤無理のない、低コストで監視する

これら5つの条件を最も満たすのは、従業員である。従業員は内部情報を持ち、日常的な監視ができる。知識社会化によって、企業は知識の源泉である従業員の声を無視できなくなっており、従業員は企業に対して強い影響力を持つ。しかも、従業員は企業と一蓮托生の関係にあり、企業活動が適正化・効率化することを誰よりも強く望んでいる。

経営者は、従業員の意見を吸い上げ、不正を正すとともに、経営改革に活かしていくと良いだろう。組合との労使協議を確立している企業は多いが、そういった公式のチャネルに加えて、個々の従業員がいつでも直接的に意見を具申できるような仕組みを作ることが期待される。

ただ、こうした取り組みを進めるかどうかは、経営者の自覚に掛かっている。現実的には従業員からの声を集めるホットラインなどの制度を作っても、形骸化していることが多い。そこで、従業員による内部通報の促進

や内部通報者の保護を法的に進めると良いだろう。

　日本では、内部通報に対して「密告」というネガティブな印象を持ちやすい。「内部通報が増えると、社内の雰囲気が荒む」という経営者の批判をよく耳にする。たしかにそういうマイナス面があるのは事実だが、一方、従業員よりも効果的にガバナンスを担える利害関係者が存在しないことも間違いない。組織風土などのマイナス面があるからといって無視するのではなく、マイナス面をどう補うかを考えていくのが現実的であろう。

(6) CSVの展開

　内部通報が充実すれば不正・不祥事は減るだろう。ただ、依然として不正・不祥事がなければ優れた企業なのか、という疑問が残る。企業が発展し、社会が良くなるような、ポジティブなガバナンスが期待される。

　こうした観点から近年注目されているのが、ポーターが2011年に提唱したCSV（Creating Shared Value 共通価値の創造）である。CSVは、自社の事業を通じてさまざまな社会の問題を解決し、経済的価値と社会的価値を両立させようとする。

　ポーターによると、以下の3つでCSVを推進する。

① 　製品と市場の見直し
　　例）システムインテグレータが地域交通システムを開発→渋滞解消
② 　バリューチェーンの生産性の再定義
　　例）商社が物流システムを効率化→環境負荷軽減
③地域支援の産業クラスターの形成。
　　例）電機メーカーが途上国で事業展開→産業集積形成

　王子ホールディングスは、農業ベンチャーのグランパとの共同事業で、植物工場による葉物野菜の栽培を行っている。パルプの原料であるユーカリやアカシアの苗木の促成栽培技術を転用し、収穫時期の短縮化を実現し

ている。また自社の製紙工場と連動して運営し、工場排熱や CO_2 を利用することで、リサイクル・環境保護にも貢献している。

なお、ポーターは CSV を CSR に代わる新概念としているが、これはやや不適切な対置だ。CSR は慈善事業だけでなく前向きな社会貢献を含んでおり、CSR のうちポジティブな動きを CSV と考えるべきであろう。

ケースの解説

本ケースは、事業撤退、新規事業、M&A など、事業構造改革のあり方について最近の動向と課題を示すものである。

日本でもおなじみのフィリップスは、1990 年代後半に経営危機を迎え、2000 年代に大胆な経営改革を断行し、復活した。その過程は、「競争力を失った AV など主力事業から撤退し、医療機器など成長分野での事業を創出した」と整理することができる。そうまとめると実に単純な話だが、問題は、その単純な話を日本の電機メーカーの多くがなかなか実行できていないことだ。

家電のように技術や市場の変化が激しい業界では、1 つの市場にとどまり続けるわけにはいかず、常に成長市場へと事業をシフトする必要がある。なぜ、このシフトがうまく行かないのか。

日本でも、三洋電機は、テレビや洗濯機など主力事業が業績悪化したことを受けて、1990 年代後半から太陽光発電など成長分野での新規事業を推進した。しかし、その成果は十分に表れることなく、2009 年に三洋電機はパナソニックに吸収された。

三洋電機の新規事業が育たなかった理由はいろいろあるが、総合電機の中では規模が小さく、資金・技術・人材で劣るのに、主力事業の立て直しをしながら、新しい事業を育成しようという試みに無理があったのではないだろうか。主力事業であっても、将来性のない事業からは撤退し、成長分野に大胆に経営資源を集中する戦略が必要だった。

フィリップスの場合、ホーテン CEO が述べているように、経営改革に抵抗する勢力を経営陣が説得し、"外科手術"を断行した。そのことが、医療機器という新分野での大胆な事業展開を可能にした。

　事業撤退と新規事業は別の事がらと思われがちだが、両者は密接に関係しているのである。また、新規事業をトップダウンで強力に推進したことも、大いに参考になりそうだ。

実践のチェックポイント

- 自社の本業比率の推移を確認せよ。次代の本業となる新規事業の開発が行われているだろうか。行われていないとすれば、なぜだろうか。
- 自社の新規事業開発のアプローチはトップダウンか、ボトムアップか。それは組織の実態や新規事業の目的などに合致しているだろうか。
- 自社では過去、不必要な事業からの撤退をできているだろうか。できていないとすれば理由は何だろうか。
- 自社は定性要因と定量要因を総合した撤退の意思決定プロセスを確立・運用できているだろうか。
- 自社では、M&A の目的をどのように認識しているか。
- M&A を実施した場合、企業価値を高めることができたか。企業価値を高めるために PMI などの取り組みが効果的に行われたか。
- 経営資源の調達などのための M&A を積極的に行っているか。
- 自社のコーポレートガバナンスの状況・仕組みを分析せよ。
- 不祥事を起こさないというレベルを超えて、企業価値を高めるような統制の仕組みを確立・運用できているか。

参考文献

　実務書という性格上、引用文献の提示よりは、読者の皆さんが実際に読むに値する書籍を紹介する(版を重ねているものは、直近のものを紹介)。

- 青島矢一・加藤俊彦『競争戦略論』東洋経済新報社、2012
- 井口嘉則・井原久光・日沖健『経営戦略のフレームワークがわかる』産業能率大学出版部、2011
- 伊丹敬之『経営戦略の論理<第4版>』日本経済新聞出版社、2012
- 伊丹敬之『なぜ戦略の落とし穴にはまるのか』日本経済新聞出版社、2018
- ジェームズ・コリンズ『ビジョナリーカンパニー②』日経BP社、2001
- 野中郁次郎・竹内弘高・梅本勝博『知識創造企業』東洋経済新報社、1996
- ジェイ・バーニー『企業戦略論』ダイヤモンド社、2003
- 日沖健『成功する新規事業戦略』産業能率大学出版部、2006
- 日沖健『戦略的事業撤退の実務』中央経済社、2010
- 日沖健『変革するマネジメント<第2版>』千倉書房、2017
- 藤本隆宏『能力構築競争』中公新書、2003
- マイケル・ポーター『競争優位の戦略』ダイヤモンド社、1985
- 吉原秀樹『国際経営<第4版>』有斐閣、2015

索 引

■ あ行

アーキテクチャ論　　　105
イノベーション　　　124

■ か行

開業率　　　187
機会　　　7
企業家　　　124
機能的定義　　　34
規模の経済性　　　67
脅威　　　7
クラスター　　　7
経営戦略　　　4
経営理念　　　28
経験曲線効果　　　45
ゲーム理論　　　13
コア・コンピタンス　　　52
後進統合　　　40

■ さ行

市場開発　　　40
市場浸透　　　40
シナジー　　　49

重層的ライフサイクル　　　38
情報の非対称性　　　65
製品開発　　　40
製品・市場マトリクス　　　40
製品ポートフォリオ　　　43
先行優位性　　　71
前進統合　　　40
戦略事業単位　　　44
創発プロセス　　　110

■ た行

多角化　　　40
チャレンジャー　　　69
中期経営計画　　　30
強み　　　15
デスバレー　　　145
撤退基準　　　194
デファクトスタンダード　　　16
デューデリジェンス　　　165
同質化　　　69
トップダウン・アプローチ　　　188
ドメイン　　　33
ドメイン・コンセンサス　　　33

■な行

ニッチャー　　　69

■は行

バリューネット　　89
ビジネススクリーン　　49
ビジネスモデル　　16
ファイブフォース分析　　64
フォロワー　　69
物理的定義　　34
負のシナジー　　51
フルカバレッジ　　69
プロセス・イノベーション　　79
プロダクト・イノベーション　　79
ポジショニング・ビュー　　11
ボトムアップ・アプローチ　　188
本業比率　　186

■ま行

マーケティング近視眼　　34
マクロ環境　　21
ミクロ環境　　21

■や・ら行

弱み　　15
ライフサイクル　　36
リーダー　　69
利害関係者　　3
リスク　　18
リソースベースト・ビュー　　12
リニアモデル　　136

■英数字

Competitor　　5
Company　　5
Customer　　5
KPI　　176
M&A　　165
MBWA　　175
PDCA　　21
PEST　　21
PMI　　165
SWOT　　21
VRIO　　101
3C　　5

著者紹介

日沖 健（ひおき たけし）

日沖コンサルティング事務所・代表
産業能率大学・講師（総合研究所＆マネジメント大学院）
1965年生まれ
慶応義塾大商学部卒、Arthur D. Little 経営大学院修了 MBA with Distinction
日本石油（現・JXTG）勤務を経て現職
専門：経営戦略のコンサルティング、経営人材育成
著書：『戦略的トップ交代』『成功する新規事業戦略』『実戦ロジカルシンキング』『問題解決の技術』『戦略的事業撤退の実務』『歴史でわかるリーダーの器』『コンサルタントが役に立たない本当の理由』『変革するマネジメント』『経営人材育成の実践』『全社で勝ち残るマーケティング・マネジメント』『ワンランク上を目指すためのロジカルシンキングトレーニング77』『できるマネジャーになる！マネジメントトレーニング77』など
hiokiti@soleil.ocn.ne.jp

ケースで学ぶ
経営戦略の実践 〈検印廃止〉

著 者	日沖　健
発行者	桃井克己
発行所	産業能率大学出版部
	東京都世田谷区等々力6―39―15　〒158-8630
	（電話）03（6432）2536
	（FAX）03（6432）2537
	（振替口座）00100-2-112912

2014年2月28日　初版1刷発行
2020年9月10日　2版2刷発行

印刷所・制本所　日経印刷

（落丁・乱丁はお取り替えいたします）　ISBN 978-4-382-05704-3
無断転載禁止